ALCANTER DE BRAHM

La Peinture au Musée Carnavalet

AVEC QUATRE REPRODUCTIONS HORS TEXTE

PRÉFACE D'OCTAVE UZANNE

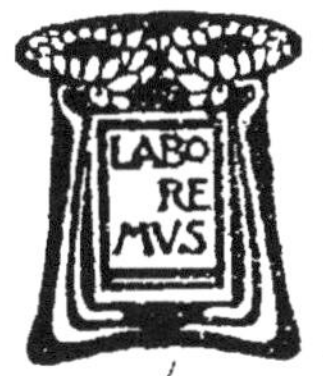

PARIS

BIBLIOTHÈQUE INTERNATIONALE D'ÉDITION

E. SANSOT & Cie

7, RUE DE L'ÉPERON, 7

LA PEINTURE
AU
MUSÉE CARNAVALET

DU MÊME AUTEUR

ŒUVRES PARUES

CHANSONS POILANTES (1892), chez l'auteur................. 1 vol.
L'ÉVOLUTION DRAMATIQUE (1893), Souque, éditeur........... 1 vol.
L'ARRIVISTE, roman (1893), Souque, éditeur............... 1 vol.
EROS CHANTE, poésies (1895), Vannier, éditeur............ 1 vol.
TELLE QUE TOUJOURS, étude d'âme (1897), Bibl. de *La Critique*. 1 vol.
CRITIQUES D'IBSEN (1898), Bibl. de *La Critique*............ 1 vol.
L'OSTENSOIR DES IRONIES :
1re partie : *L'Homme, la Femme et la Famille* (1899), Bibl. de *La Critique*.................................. 1 vol.
2e partie : *La Société* (1900), Bibl. de *La Critique*......... 1 vol.
3e partie : *Les Étapes de la Pensée et le Sens de la Vie* (fin 1900), Bibl. de *La Critique*.......................... 1 vol.
LES VOIX ANCIENNES, poèmes et poésies (1904), Bibl. de la *Société des Poètes*.................................. 1 vol.
DEUX LOGIS DE QUALITÉ : Lauzun, Carnavalet (1906), Bibl. de *La Critique*.................................. 1 vol.
VISITE AU MUSÉE DES ARTS DÉCORATIFS (1907), *Bibliothèque Générale*.................................. 1 vol.

A PARAITRE

LES CARNAVALETTES, poésies............................ 1 vol.
LE CALVAIRE DES PAUVRES, roman social................. 1 vol.
SÉLECTIONS D'IDÉAL, critiques d'art et de littérature......... 1 vol.
CONTES, LÉGENDES ET NOUVELLES......................... 1 vol.
DERNIÈRES CHANSONS.................................... 1 plaq.

EN PRÉPARATION

LES POÈTES INCOMPRIS DU XIXe SIÈCLE...................... 1 vol.
LES PRÉCURSEURS LITTÉRAIRES DU SOCIALISME................ 1 vol.
LE SOUVENIR DES POÈTES, petite histoire abrégée de la Poésie française, suivie d'une Iconographie des principaux poètes français.................................. 1 vol.
VAUGIRARD ET GRENELLE, étude rétrospective............... 1 vol.
RECOINS DE PARIS ET MAISONS DE POÈTES.................... 1 vol.
OCTAVIE, OU LA BONNE INFIDÈLE, roman..................... 1 vol.
PHÉNOMÈNE, roman.. 1 vol.
THÉATRE... 1 vol.
POÉSIES... 1 vol.
Etc., etc.

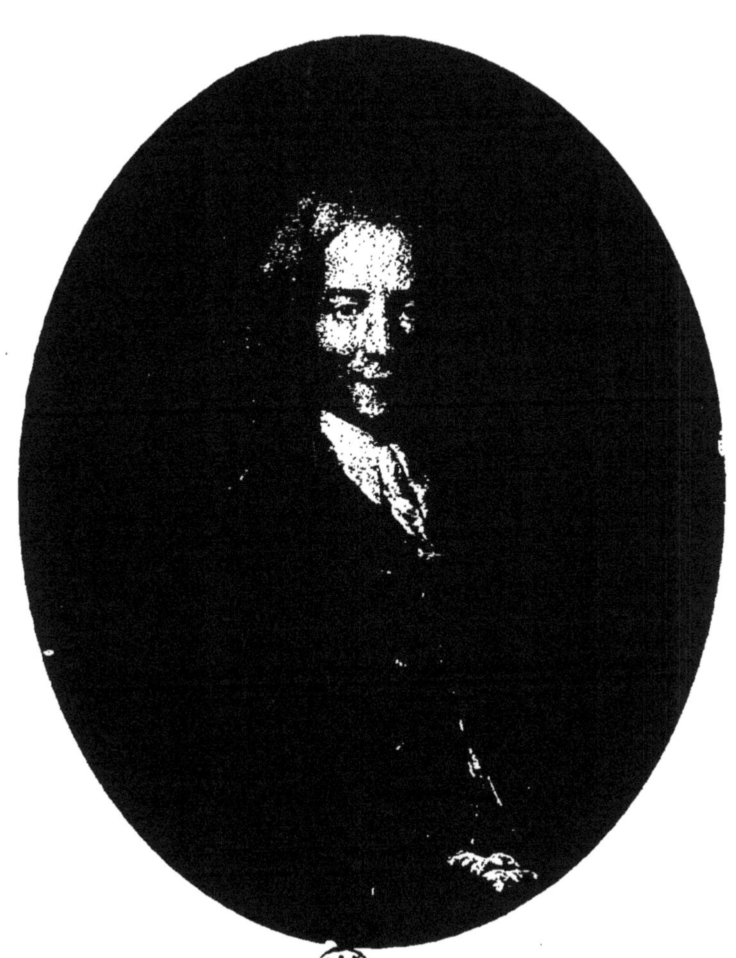

N. DE LARGILLIÈRE.

Portrait de Voltaire à 24 ans (1718).

ALCANTER DE BRAHM

La Peinture
au
Musée Carnavalet

Préface d'Octave Uzanne

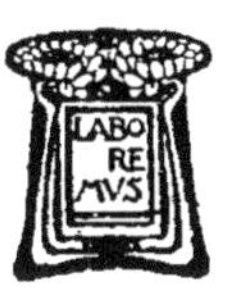

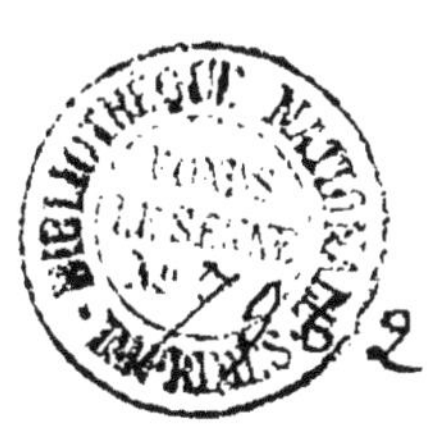

PARIS
BIBLIOTHÈQUE INTERNATIONALE D'ÉDITION
E. SANSOT & Cie
7, RUE DE L'ÉPERON, 7

MCMIX

A MONSIEUR GEORGES CAIN,

en hommage de déférente sympathie.

A vous qui décrivez en peintre coloriste
La beauté de Paris et ses coins évoqués,
J'offre le souvenir du poète à l'artiste,
Tous deux sur la galère idéale embarqués.

A. DE B.

LES PEINTRES DE PARIS

Les vieilles capitales d'Europe aux aspects variés, changeants, caractéristiques, aux physionomies pittoresques, originales et expressives, ont toujours été portraicturées, chantées, exaltées, mises en valeur par des artistes, peintres ou poètes, sincèrement épris de leurs beautés monumentales, du charme de leurs perspectives ou de l'allure accélérée, colorée, turbulente de la vie qui circule dans leurs artères.

Venise, Rome, Florence, Londres, Amsterdam, Vienne, Munich, Nuremberg et autres nobles et antiques cités, foyers d'art, de littérature et de passions intellectuelles et amoureuses, ont une histoire glorieusement illustrée par des maîtres peintres ou d'enthousiastes écrivains. Chacune de ces illustres villes évoque à notre pensée un monde d'artistes fameux, d'enlumineurs subtils, de perspectivistes distingués, de prestigieux graveurs à l'eau forte ou au burin, de li-

thographes vigoureux, d'architectes paysagistes surprenants ou de chantres littéraires attitrés. Il n'en est point toutefois, croyons-nous, qui aient davantage attiré et séduit les maîtres de la palette, de la plume, du crayon ou de la pointe sèche que notre cher et grand Paris, auquel à travers les âges tous les esthètes rendirent si généreusement hommage.

L'attrait de Paris commence dès le moyen-âge. On sent déjà l'emprise extraordinaire que la Cité des Rives de Seine exerce sur les cerveaux à regarder les livres d'heures ou les missels ou à lire les ballades et rondels de Maître François Villon, Parigot de basse pègre et de haute Lyre, qui aima son Paris jusques à ses gibets, aussi bien que Montaigne devait l'adorer plus tard même dans ses verrues.

Aussitôt que les premiers xylographes caressent puérilement les planches de bois, ils nous font voir des traductions naïves et précises du vieux Louvre, sinon des aspects déjà rétrospectifs de Lutèce ceinturée de murailles du temps de Philippe-Auguste, des portes monumentales s'ouvrant sur une campagne agrémentée de tours et de châteaux-forts, des Eglises entourées de charniers, et le plus souvent Notre-Dame, dominant le pullulement des toits pointus et des mai-

sons menues arc-boutées les unes contre les autres et comme étouffées dans la cité entre les deux bras du fleuve.

Combien il serait curieux de suivre, à travers certains tempéraments d'artistes et d'après leurs impressions multiformes, le successif développement de cette ville, cœur de la France, dont le navire symbolique, comme une nef invincible, flotte pour ainsi dire au-dessus des âges. Prendre Paris depuis son berceau, montrer d'abord, ainsi que le fit Puvis de Chavannes en sa dernière manière d'art de la fresque, sainte Geneviève veillant la ville endormie, laisser voir l'arche primitive de la Cité, ancrée entre les beaux méandres de Seine ; puis Lutèce bardée de machines de guerre, hérissée de catapultes et d'échafaudages que ne peuvent prendre les Normands. Peu après mettre en lumière le Paris de Philippe II, celui des Valois, embelli d'élégants monuments ; le Paris de Louis XIII ennobli du Pont-Neuf et de sa grouillante humanité de petits marchands, de camelots, de filles et de sergents d'armes ; le pittoresque Paris du XVIIIe siècle où Gilles succède à Tabarin et Jacques-le-Fataliste aux héros du Roman comique ; le Paris révolutionnaire, ardent comme une fournaise ; le Paris directorial et consulaire, bigarré, libertin, frondeur, drôlatique, espiègle, enfin le Paris XIXe siècle, que transforment peu à peu les forces locomotrices, qu'envahissent lentement l'utilitarisme et ses hideuses manifestations, mais où, par instants, à certaines heures éclatantes de soleil ou apaisantes de crépuscule, la vie se montre encore clémente et toujours radieuse, pittoresque et colorée, dans la traversée des ponts, les ascensions montmartroises ou les promenades au Bois. Aussi Victor Hugo, dans son œuvre sur « Paris » conseille-t-il logiquement, pour bien suivre le développement progressif, par la superposition des plans de l'Urbs formidable aux divers âges, de prendre Notre-Dame comme point central et de suivre de cet observatoire, au fur et à mesure que les siècles se succèdent, le grossissement de la cité et l'extension de ses murs.

Le XVIIIe siècle a surtout beaucoup portraituré Paris. Avec une grâce délicate, maniérée et familière, une intelligence supérieure, il a, dans mille délicieuses estampes, dans autant de peintures, de gouaches et de dessins, donné de la ville les plus extraordinaires aspects. Les bords de la Seine, ses rives fréquentées et ses paysages étroits du Pont au Change au quai du Louvre, inspirent nombre d'œuvres attrayantes ou bizarres, mais toujours savoureuses, Hubert Ro-

bert adore peindre le quai de Gesvres, non point bazar d'oiseaux comme il l'est aujourd'hui, mais, bordé de petites boutiques basses et d'étalages où devant les devantures potagères, se débitent commérages et cancans. Les Raguenet père et fils, avec un talent secondaire, mais cependant appréciable, excellent à représenter toutes les rives de la Seine, depuis Ivry jusqu'à Chaillot avec leur assemblage de bateaux et de chalands, la bigarrure des costumes, le clapotis de mille rames actives. Etienne Jeaurat est une sorte de peintre à la façon flamande, observateur net et précis, familier des tumultueux carrefours. Il adore nous montrer, en de fort pittoresques aspects, certains coins décorés de marchés ou de fontaines, sinon de curieux angles de chaussée où se gourment les ménagères et les marchands. Ailleurs, Saint-Aubin saisit finement telle scène de réjouissance, telle fête mêlée de flambeaux et éclairée des gerbes lumineuses de la pyrotechnie. Antoine Demachy peint des églises ; J.-B. Lallemand s'attarde à Notre-Dame et à la place Dauphine ; Fragonard, Watteau eux-mêmes, de ci de là, croquent de délicieuses vues du Luxembourg, ou du Cours-la-Reine ; Eisen nous conserve la physionomie intime des boutiques comme dans son « Marchand de Lingerie ».

A la Révolution, Paris si remuant, si fiévreux, emporté, sanglant, sublime, s'anime de toute part d'un mouvement continuel. Au dix Août, Duplessis-Bertaux peint les Tuileries ; *à la Fédération, Hubert Robert trace une vue du Champ de Mars. Le Palais-Royal inspire mainte gravure satirique, dont la fameuse estampe de Debucourt, d'une si incomparable polychromie. Enfin, c'est la remarquable suite des « Cris de Paris » au XVIIIe siècle, imagerie populaire où se retrouve, avec son relief pimenté de verve poissarde, tout le côté amusant de la vie en plein air.*

L'Empire, en emplissant Paris de soldats, ajoute aux séries des tableaux de la rue un élément martial où le pittoresque ne peut que gagner en se transformant. Boilly peint les conscrits ; Carle Vernet les élégances qui ajoutent au décor des Tuileries un attrait féminin bien fait pour les parer.

..Puis c'est la métamorphose de Paris au temps du Romantisme qu'inspire le Hugo de « Notre-Dame », le Paris de Balzac et d'Eugène Sue, de Nanteuil, de Johannot, des Devéria, voire le Paris burlesque de Daumier et de Henri Monnier, où s'accuse la recherche des coins moyen-âgeux, sombres et vieillots, le Paris gothique des vieux Carrefours, des rues tor-

tueuses et mal pavées, celui que se plaît à explorer jusqu'à vouloir y mourir, le bon Gérard de Nerval et que l'auteur de « la Comédie humaine » dépeint dans chacun de ses romans. C'est un Paris, il faut bien le dire, d'un provincialisme un peu voulu, où tout est mis en clair obscur, où l'élégance s'oppose à la détresse populaire et le dandysme au débraillé des Barricades.

Vient enfin le second Empire et, parmi ses peintres de luxure et de chic, Constantin Guys, celui que Baudelaire nommait le peintre de la vie moderne *et qui, bien que se complaisant dans les bouges, parmi les maisons closes fréquentées par les soldats et les hommes de joie, fut aussi le dessinateur puissamment original des galas du Bois de Boulogne, le peintre des dog-cars, des phaétons, des daumonts attelées de chevaux fringants, le notateur des femmes des Bals Mabille ou de guinguettes dansantes comme la* Boule Noire. *Après lui, citons Alfred Stevens, Eugène Lami et combien d'autres. Ailleurs, Bresdin, « le bon Chien Caillou » de Champfleury, s'efforce à graver, dans ses planches follement expressives, plus d'un coin de la Cité ou de ses faubourgs et nombre d'aspects aujourd'hui disparus du Montmartre primitif ou du boule-*

vard du Crime. Isabey, au talent si original, au trait si expressif, si vivace, donne des vieux quartiers un aspect saisissant. Il fait prévoir Hervier, dont le nom est inséparable de celui de cette Cité dont il a aimé les faubourgs populeux, le coloris des étals, des rues industrieuses, des auvents et des fleurs. D'autres, d'autres encore dont il faudrait citer les noms pour mémoire, peignent amoureusement sous ses faces différentes ce prestigieux Paris. Léopold Flameng, dont les Recueils sur le Vieux Paris resteront ; James Tissot, qui après Londres, adopta notre capitale ; de Nittis et ses élèves disent tour à tour les sites fréquentés de la Métropole. Gardons-nous d'oublier l'inoubliable maître Charles Méryon, le prodigieux graveur de « Notre-Dame », du « Pont-au-Change » et de la « Rue des Mauvais Garçons » ; dont on se dispute aujourd'hui les rarissimes épreuves d'eaux-fortes, Félix Buhot aux notations colorées qui, dans ses planches à l'eau-forte, merveilleusement cuisinées au vernis mou, à la pointe sèche et par tous procédés de morsure du cuivre, nous laissa des visions de 1875 à 1885, dont l'intérêt va grandissant. Sa Place Bréda *par temps de neige,* La Place Pigalle, *à l'heure du repos des modèles italiens posant chez les peintres de Montmartre, sa* Taverne du Bagne, *sa* Station de fiacres *sur le quai de l'Hôtel-Dieu, sont des œuvres qui dans leurs entourages de marges symphoniques, ont un caractère, une originalité dont la postérité appréciera toute la beauté et le rare ragoût d'art.*

Parlons aussi des maîtres du plein-air, des dessinateurs pittoresques du Paris d'après la guerre. Un impressionniste comme Claude Monet ou un fantaisiste admirable comme M. Willette prendront assurément place parmi les célèbres portraitistes de Paris. L'un, en une buée rose et grise, donnera l'aspect de la « Gare Saint-Lazare », l'autre, ingénieux artiste de féerie lunaire, évoquera en fantaisiste des physionomies chatnoiresques de la Butte Montmartre ou du Moulin de la Galette. Et que d'autres il faudrait citer, depuis M. Pissaro jusqu'au regretté Lépine, depuis le pittoresque dessinateur de la rue, Steinlen, jusqu'au réaliste visionnaire des fortifications et des boulevards intérieurs et extérieurs, J. F. Raffaëlli. Quelle nomenclature de noms ne faudrait-il pas dresser, même après avoir cité ceux de René Billotte, de Luigi-Loir, de Thaulow, de Zuber, de Mlle Angèle Delasalle, d'Edouard Detaille, de Ten-Cate, qui vient de mourir, de Bracquaval, Charles Gillot, Pierre Prins, Paul Madeline, Lansyer, F. Maillaud, Ed. Yon, Gilbert, etc.

Il n'est presque point d'artiste, à vrai dire, qui n'ait campé son chevalet plus ou moins fréquemment en pleine vie parisienne et qui n'ait exprimé, traduit avec plus ou moins de subtilité, de charme ou d'opulence de couleur, le mouvement des faubourgs, les nacrures de la Seine, l'amusante perspective des ponts, l'intimité des squares, le monde des courses, les fêtes foraines, les marchés aux fleurs, aux chevaux, aux oiseaux, le grouillement des halles à l'aurore, la gaîté des quais et l'amusante théorie des boîtes de bouquinistes sur les parapets. Paris tient toujours une place importante dans les Salons *annuels, soit dans l'exposition des paysages urbains, proprement dits, soit comme décor de premier plan ou comme fond de tableau à des scènes de genre dans le goût de celles de Jean Béraud.*

A la plupart des peintres, aussi bien qu'à tous les littérateurs, la grande ville sans cesse a fourni prétexte à des toiles ou à des pages vibrantes. Anatole France ou Maupassant ont pu se complaire à dégager la beauté des heures matinales aux Champs-Elysées ou des crépuscules sur le Parc Monceau, alors que des amoureux du pittoresque excentrique, tel J.-K. Huysmans s'attardaient aux vieilles façades lépreuses des Gobelins, aux rues tortueuses des environs de Saint-

Sévérin et consacraient même tout un volume aux rives de la Bièvre *parisienne, dont le grand xylographe Auguste Lepère devint par la suite le magistral illustrateur.*

Dans ces dernières années, le plus passionné traducteur de Paris, le plus infatigable interprète de ses monuments, anciens et nouveaux, de ses aspects inédits, depuis les boulevards (encombrés par suite des locomotions mécaniques) jusqu'aux blancheurs des minarets du Sacré-Cœur et même jusqu'au squelette phénoménal de l'âge de fer, symbolisé par la Tour Eiffel, fut Frédéric Houbron qui, mort tout récemment, laisse une œuvre considérable et précieuse qui documentera largement et sincèrement les futurs historiens de notre chère capitale, de plus en plus cosmopolite.

Nous possédons de nombreuses publications de « Paris à travers les âges » *ou* « A travers l'histoire », *d'innombrables monographies qui font revivre en illustrations le talent des peintres, dessinateurs et graveurs dont il vient d'être question, mais il faudrait consacrer toute une bibliothèque pour recueillir l'ensemble des écrits et des peintures et estampes qui pourraient constituer une publication intitulée* Paris vu, traduit, chanté et décrit par ses amoureux.

Une visite au Musée Carnavalet serait suscep-

tible de faire concevoir à ceux qui l'ignorent, la prodigieuse documentation que récèlent le Cabinet d'Estampes et les admirables galeries de l'ex-hôtel de Mme de Sévigné.

M. Alcanter de Brahm, sachant combien j'ai souvent et ardemment souhaité une étude complète des Peintres parisiens, vient de me faire tenir les bonnes feuilles de son excellent livre « La Peinture au Musée Carnavalet », *qui réalise en grande partie un desidératum que je n'étais point seul à formuler. Cet ouvrage constituera désormais un guide officiel et un recueil indispensable à consulter pour tous les visiteurs de passage ou les nombreux travailleurs familiers de ce Musée consacré au culte de Paris et dont notre grande Cité peut, dès aujourd'hui, largement tirer vanité.*

Est-il utile de démontrer l'intérêt exceptionnel de cette publication qui constitue un précieux Essai historique de l'évolution de la peinture française relative à l'Histoire de Paris et des Parisiens depuis le XVIe *siècle jusqu'à l'heure présente, Essai uniquement étayé sur les œuvres d'art conservées au grand Musée municipal, si heureusement fondé par Jules Cousin.*

Il n'existait rien sur ce sujet jusqu'ici, aucune glose sur tant de tableaux de maîtres ou d'au-

teurs de dessins anonymes ; les dévots du Temple dédié à l'étude de Paris ne pouvaient conserver le moindre souvenir imprimé, emporter le plus mince livret soigneusement mis à jour et analysant par le menu les merveilles artistiques du lieu

Le livre de M. Alcanter de Brahm sera donc accueilli avec reconnaissance à Paris, en France et à l'étranger, non seulement parce que son travail intelligemment compris et minutieusement élaboré, demeure comme une sorte de catalogue raisonné et analytique des peintures et œuvres d'art conservées dans les salons et galeries de Carnavalet, où cet ouvrage était indispensable, mais encore et surtout par cette raison que cette publication s'offre comme le plus intéressant sommaire d'une étude générale sur les peintres, dessinateurs et graveurs qui ont plus spécialement dévoué leur talent au portrait, sous toutes ses faces et apparences, de la grande Cité que les envieux nomment « la Babylone du Monde ».

Il ne faut pas oublier que Carnavalet, installé dans un vieil hôtel célèbre, est encore un jeune musée qui se développa depuis trente années avec hâte et magnificence, grâce au zèle et à l'activité incessante de ses successifs conservateurs : MM. Jules Cousin, A. de Liesville, Lu-

cien Faucou et Georges Cain et aussi grâce à des dons et legs de particuliers qu'il convient d'encourager par tous les moyens possibles.

M. Alcanter de Brahm est attaché à la conservation de ce jeune Musée fondé à une heure où lui-même s'apprenait à peine à lire ; il le verra assurément croître et embellir encore, bien que ces archives d'art de Paris soient déjà pour ainsi dire à l'étroit dans leurs vielles murailles. Alors bientôt de nouvelles éditions de La Peinture à Carnavalet, *considérablement revues et augmentées, se succèderont sans doute et ce petit livre, que je m'honore de préfacer, prendra avec l'autorité croissante de son auteur, en de nouveaux formats, une importance ventrue de fonctionnaire officiel. Il devra sans cesse être tenu à jour, noter les successives acquisitions, les donations et les découvertes... Qui sait si, d'ici dix ou quinze ans, ce ne sera pas une publication chronique, quelque chose comme :* Les Annales de la peinture au Musée Carnavalet. *Tout arrive. J'espère en ceci être bon prophète. — « Cet ouvrage est gros de son avenir, aurait dit Victor Hugo, car on peut saluer sa fécondité dans son germe. »*

Ainsi soit-il !

Habent sua fata libelli !

Octave UZANNE.

LA PEINTURE AU MUSÉE CARNAVALET

I

PRÉAMBULE

Bien que l'on ait beaucoup écrit à travers les journaux et les revues sur les divers souvenirs et objets d'art qui, presque chaque jour, depuis un quart de siècle, sont venus prendre place au musée Carnavalet et dans ses réserves, la curiosité des érudits et des amateurs n'a trouvé encore à s'exercer que sur de très rares ouvrages traitant en détail de l'assemblage de ces collections historiques intéressant Paris. Hormis quelques volumes d'ordre général, notamment les *Musées de la ville de Paris* (Carnavalet, Cernuschi et Galliera, 1902) de M. Despatys, et sans oublier le rapport si documenté de M.

Quentin-Bauchart, soumis en 1904 à la commission municipale des Beaux-Arts, sur les Musées parisiens, on ne peut citer, en somme, depuis les petites notices succinctes publiées par M. Jules Cousin, fondateur du Musée, que le guide attrayant, mais déjà lointain de MM. Sellier et Dorbec, et la *Visite au Musée Carnavalet* de Jean Rosmer, où l'auteur a noté plus de trois mille objets ou groupes d'objets, c'est-à-dire tous ceux actuellement exposés qui méritent au moins un regard.

La nomenclature complète, on le devine, eût supposé à elle seule, dans sa plus stricte indication, quatre ou cinq tomes, ainsi qu'en témoigne le catalogue sur fiches établi depuis 1905 pour les besoins intérieurs du Musée. Mais, jusqu'à présent, nul esthète de marque n'a daigné donner l'étiage de sa judicature ès-arts, sur certaines œuvres dont la présence ne serait certes pas déplacée au Louvre, au British Museum, ou dans tels musées de premier ordre de nos provinces françaises. On s'explique d'autant plus mal cet ostracisme qu'ici, dans le sanctuaire de notre iconographie parisienne, l'œuvre véritablement artiste s'impose à l'attention par le seul fait de l'exiguïté superficielle des salons et de l'entourage d'objets variés qui mettent en relief les morceaux de premier ordre, et facilitent leur comparaison avec ceux qui les avoisinent.

Peut-être résoudrait-on cette énigme en invoquant l'ignorance, d'ailleurs injustifiée, où demeurent encore beaucoup d'esprits d'élite à l'égard de ces petites merveilles. Mais puisque le public parisien connaît depuis longtemps le chemin de l'ancienne Culture Sainte-Catherine et consacre volontiers une partie de ses loisirs à visiter Carnavalet, cette ignorance même ne saurait plus être une excuse pour ceux qui se disent ses éducateurs intellectuels, et trahissent leur surprise quand on leur cite telles œuvres figurant au Musée.

Quoi qu'il en soit, on ne nous saura pas mauvais gré, du moins nous osons l'espérer, d'avoir essayé de réagir contre la torpeur béate de nos modernes Ruskin, en éveillant la curiosité des amis des arts par cet exposé consacré à la peinture, c'est-à-dire à l'un des éléments les plus dignes d'estime d'entre les collections de Carnavalet.

Envisagées jusqu'à ce jour sous leur aspect documentaire, qui constitue une utile contribution à l'étude rétrospective de Paris, ces peintures le seront ici, en raison de leurs époques et de leurs genres si divers.

Et peut-être qu'à se voir considérer comme s'il s'agissait d'un salon ou d'une exposition particulière, les toiles dignes de remarque, et elles sont nombreuses, suffiront à rappeler aux amateurs de belles choses que le vieil hôtel de Mme de Sévigné est demeuré, grâce à l'activité comme au goût de ses hôtes actuels, introducteurs des ambassadeurs du beau que sont les tableaux de maîtres, un digne refuge de l'art noble et pompeux du grand siècle, de l'art précieux, délicat et personnel du XVIIIe, et de l'esprit novateur de l'école française, révolutionnaire, puis romantique, voire même impressionniste de l'époque contemporaine.

II

Primitifs et Peintures du XVIe siècle

Bien que le XVe siècle nous ait donné, avec les œuvres rassemblées lors de l'Exposition des Primitifs français organisée en 1904 au Pavillon de Marsan, l'impression la plus heureuse de cet art vraiment français dont la tradition s'est perpétuée jusqu'à nos jours, en dépit de l'influence italienne, il ne semble pas que les effets de cette tentative se soient répercutés ici, où ne se trouvent en effet qu'un *Portrait de jeune homme* (S. VIII) dû à la libéralité de M. Maciet (1902), et un petit portrait, désigné comme étant celui de *Roger de Collerye*, c'est-à-dire Roger Bontemps, le gai poète ennemi de *Faulte d'Argent* et de *Plate Bourse*, lequel vécut de 1470 à 1531.

Mais cette dernière peinture, de format très minime, à demi effacée par l'usure du temps et les mille craquelures qui la sillonnent, ne sollicite plus un examen très approfondi.

Le Portrait de jeune homme, on peut dire de jeune gentilhomme, puisque ses armoiries sont visibles à la gauche supérieure du tableau, mérite qu'on l'examine. Il est, en somme, le seul primitif antérieur à la Renaissance, qui, dans ces collections précieuses, apparaisse digne de ce nom. Etiqueté tout d'abord sous la rubrique : Ecole de Holbein, devant que nous ait été offert le vaste champ d'examen de nos primitifs par les soins de M. Georges Berger et Henri Bouchot, il offre plus d'un sujet d'accointance avec les portraits de l'Ecole française dont Jehan Fouquet (1415-1480), Bourdichon, Enguerrand Charonton et le Maître de Moulins rehaussent d'un trait lumineux les premières pages de notre histoire artistique.

Peut-être n'est-il qu'une de ces nombreuses copies dont on s'affriandait déjà au temps de Charles VII. Mais la netteté des lignes, le souci de dégager d'un type physionomique dont l'espect nous est en quelque sorte familier, la pensée essentielle, l'âme du personnage, laisse présumer que l'auteur pourrait bien être un disciple de cette collectivité superbe des enlumineurs du moyen-âge, dont les images, issues de l'art gothique des cathédrales, constituaient ce qu'on appelait communément en l'Ile-de-France, *l'Art de Paris*.

D'ailleurs, pour si dangereuse et même préjudiciable que puisse apparaître à la science de plus en plus rigoureusement logique de l'histoire de l'art, une erreur d'attribution, le fait est encore assez fréquent pour devenir excusable ; tant il est vrai, surtout de nos jours, que les œuvres les plus ressemblantes d'aspect peuvent émaner des écoles les plus éloignées, et les genres les plus opposites relever du pinceau d'un même artiste. J'en prends à témoins les amateurs de Rubens, de Watteau, de Chardin, et plus près de nous, les familiers de Corot, Renoir, Besnard et Roll, notamment. Le fait ne s'est-il pas présenté pour un *Portrait de François Ier* (vu de trois quarts, à barbe courte et regardant sa gauche), qui faisait partie de la collection Révoil, avant de passer dans celle du roi Charles X, pour de là venir au Louvre, sous la mention : *Attribué à Holbein*. Ce tableau de grande valeur se trouve aujourd'hui rétabli sous l'égide de l'Ecole française, cependant qu'un portrait analogue existait dans la collection de Lord Ward, attribué à Léonard de Vinci,

Pour en revenir à l'Art de Paris, il est bon de rappeler ici que, loin de délaisser, soit par ignorance, soit par insouci de l'exactitude des sites, les aspects de la Cité et de ses alentours, les enlumineurs, émules de Jehan Pucelle et de Jehan Fouquet, (dont le Livre d'Heures d'Étienne Chevalier est un des plus précieux joyaux du Musée de Chantilly), s'efforçaient, au contraire, de laisser des impressions reconnaissables des divers points de vue qui leur étaient familiers. Les tours de Notre-Dame, aussi bien que l'abbaye de Saint-Germain-des-Prés, le Palais, la Seine, le Louvre et Montmartre, se retrouvent en ces icônes, voire en des peintures, comme cette *Descente de Croix* de la fin du XVe siècle que l'on voit au Musée du Louvre, et qui nous montre l'Abbé Guillaume, (mort en 1418), soutenant la dépouille mortelle du Fils de Dieu, auprès d'autres personnages peints avec une fraîcheur de tons que le mauvais état de cette œuvre n'a pas encore ternie. Et, au lointain, les grosses tours flanquant le Louvre, apparaissent sous l'aspect qu'elles avaient depuis Philippe Auguste ; plus loin, encore, l'ancienne église de Montmartre et la Butte, tandis que, sur un plan plus rapproché, l'abbaye apparaît au milieu des prés, entourée de murailles, de tours rondes et des fossés qu'avait fait construire le prédécesseur de Guillaume, l'Abbé Richard. Ce qu'un peintre a fait pour ce tableau, d'autres n'ont pas manqué, on le peut bien penser, de l'exécuter en s'inspirant d'autres sites. D'ailleurs la tradition s'en est si bien généralisée qu'on la retrouve chez les maîtres florentins du XVe siècle et notamment chez Ghirlandajo et Gozzoli, ainsi que chez le Bolonais Annibale Carracci au XVIe siècle.

Un assez joli tableau placé au long de l'escalier de la salle des Théâtres, (S. XVI), nous en donne une preuve, puisque, original ou copie de l'un de ces peintres florentins qui, à la suite du Rosso, vinrent, sous la protection de François Ier, travailler à Fontainebleau et formèrent l'école de ce nom, il représente, si on peut l'énoncer ainsi, une *Conversation amoureuse en musique,* ou un *Concert après le Repas.* C'est un groupe animé, au premier plan duquel, devant un pupitre bas, deux jeunes femmes, sous l'œil expert d'un maître, exécutent à vue un duo de guitare et de flûte. A droite, un couple d'amoureux s'embrasse ; une servante regarde, médusée. A gauche, un trio, formé d'un moine et de deux femmes bien en chair, se livre aux douceurs de la causerie en savourant quelques fruits, tout cela dans le cadre d'un jardin aux épaisses frondaisons. Derrière et de côté, des maisons aux fenêtres desquelles s'accoudent des curieux que charme sans doute le concert. Le fond de cette peinture laisse apparaître une très intéressante vision des tours de Notre-Dame et de l'Ile de la Cité, estompée dans le lointain et comme imprégnée de cette teinte bleu pâle chère aux maîtres impressionnistes d'à présent.

Pour si rare que s'avère l'occasion d'ajouter des pages documentaires de ce genre sur la topographie parisienne aux alentours de la Renaissance, elle n'en devrait pas être moins recherchée. Car les œuvres de cette époque qui nous donnent, en même temps qu'une satisfaction de goût, d'utiles points de repère sur la physionomie de Paris, à travers les galeries du Musée, sont d'un nombre très limité.

En voici une, d'un caractère sec et rectiligne. Elle n'est certes pas de nature à séduire d'emblée ; mais elle gagne à être examinée dans son détail. C'est une vue du *Charnier des Innocents* sous François Ier (S. II), peinte sur panneau, et que l'on peut dater de 1544 environ. Dans l'une des fosses entr'ouvertes, des hommes procèdent à l'inhumation d'un corps recouvert de son suaire. La famille et le clergé assistent à cette cérémonie, tandis que, plus loin, un écrivain public trace une épître que lui demande une femme. On retrouve aisément les dispositions topographiques du vieux cimetière quand on se reporte du tableau au square actuel que domine la célèbre fontaine décorée par Jean Goujon, au centre du jardin limité par les rues Saint-Denis, de la Ferronnerie, la rue aux Fers, la rue Pierre Lescot. La vieille église des Innocents aujourd'hui disparue, la Porte Saint-Jacques, qui ouvrait sur la nécropole, et les divers charniers des Écrivains, de la Vierge, des Lingères, etc.., le Prêchoir et la Tour de Notre-Dame-des-Bois, tous ces coins du vieux Paris moyen-âgeux revivent en l'esprit.

C'est par centaines, on pourra s'en rendre compte en parcourant les salles, que des aspects de ce genre nous retiennent et nous redisent pour ainsi dire pierre à pierre, rue par rue, l'histoire parisienne, depuis le XVIIe siècle jusqu'à nos jours. Et ce qui n'aura pas séduit la palette du coloriste, nous pouvons y suppléer en examinant les aquarelles et les gravures, les pastels et les gouaches.

Bien peu de monuments célèbres, édifices, palais, portes ou fontaines, bien peu d'hôtels et de demeures privées dont les façades ou les intérieurs nous demeurent ignorés, quand, de Callot à Silvestre, sans oublier Merian, nous reprenons en détail les aspects des rues anciennes, dont quelques-unes sont encore demeurées intactes aujourd'hui, dans la Cité, le Marais, autour de Saint-Germain-des-Prés, de Sant-Jean-de-Latran. Des plans du XVIe siècle nous ont déjà permis de nous familiariser avec les enceintes successivement élargies, depuis le mur gallo-romain jusqu'à l'époque de François Ier, nous indiquant les confins de Paris sous Louis VII, les points de repère du mur de Philippe-Auguste, et l'élargissement fixé sous Charles V. Paris, resserré en 1180 entre la Tour de Nesle, les rues Mazarine (actuelle), Saint-André-des-Arcs, des Fossés-Monsieur-le-Prince, Saint-Jacques, Saint-Victor, de l'Estrapade, Contrescarpe et Saint-Bernard, se terminant au sud par la Tournelle ; et au nord, allant de la *Tour qui fait le coin,* près Saint-Germain-l'Auxerrois, suivant les rues de l'Oratoire Saint-Honoré, Montmartre, Sainte-Avoye, Paradis (Saint-Martin), Culture Sainte-Catherine, jusqu'à la tour Barbeau sur le quai Saint-Paul, Paris s'est dégagé, allant vers le nord, de la Tour du Bois à la Porte Barbette, puis à la Bastille, construite par Charles V. Sous Louis XIII, voici établie la ligne des grands boulevards, dont les portes Montmartre, Saint-Denis et Saint-Martin marquent les principaux débouchés. Avec la Régence, et plus tard, les faubourgs du Roule, Saint-Honoré et Saint-Germain, la Chaussée-d'Antin prenant aux Porcherons, se couvrent d'immeubles somptueux, les actrices emploient les Fragonard, les Lagrenée et les Lancret à la décoration de leurs hôtels, et peu à peu les quartiers aristocratiques de jadis sont désertés par leurs hôtes. Les vieilles et nobles demeures deviennent la proie des industriels et des commerçants irrespectueux, le plus souvent, des merveilles qu'elles contiennent. Et, tant bien que mal, les Parisiens étouffent, plus d'un siècle durant, dans les douze arrondissements de leur capitale, élargie enfin en 1860, par le baron Haussmann, jusqu'aux fortifications actuelles, lesquelles ne suffisent déjà plus à la ruche immense des trois millions d'habitants qu'elles enserrent. Bientôt, toute la périphérie extérieure des communes contigues sera englobée dans cet ensemble. Paris deviendra dès lors, à lui seul, une belle part de l'Ile de France des premiers Capétiens.

Mais si les peintures qui nous en détaillent l'atmosphère, les rues, les édifices, les bords de Seine, et telles scènes de genre précieusement documentaires, sont fréquentes durant les deux siècles qui nous précèdent, en revanche le Paris de la Renaissance n'apparaît ici que dans deux états de la *Procession de la Ligue,* dont l'un (S. II) attribué à Porbus le Jeune (1570-1622). Cet Anversois, fixé à Paris après de longs voyages, fit plusieurs portraits d'Henri IV et de Marie de Médicis, et divers autres de l'ancienne galerie des peintures du Louvre, incendiée en 1661 et remplacée sous la direction de Le Brun par la galerie d'Apollon.

De l'arcade Saint-Jean de l'Hôtel de Ville ancien, débouche, le 14 mai 1590, la procession composée en majorité d'ecclésiastiques en vue, les uns couverts de casques ou de cuirasses, les autres de leurs cagoules, le pistolet en main, avec, à leur tête, si l'on s'en réfère aux récits de Félibien et de Pierre de l'Estoile, les curés Hamilton, Boucher et Guincestre, Pelletier, curé de Saint-Jacques et le Dr. Roze, recteur de la Faculté, évêque de Senlis. Ils se dirigent vers le Parvis Notre-Dame en manière de protestation contre la venue de Henri de Navarre sur le trône de France et vont quérir la bénédiction du légat du Pape, pour, de là, se rendre au couvent des Grands-Augustins.

Une autre *Procession de la Ligue* (S. VIII), partant cette fois de Notre-Dame, reproduit à peu près les mêmes types de personnages, mais la manière de cette peinture, exécutée sur toile, rappelle plutôt l'art de Fréminet ou de quelque contemporain. Enfin, une gouache (S. VIII, Vitr.), d'aspect plus caricatural encore, et qu'on peut dater de 1630 environ, redit cette scène en l'émaillant de détails gaulois en rapport avec la brutale franchise, avec le réalisme de l'esprit satirique traduit en pages vigoureuses par Rabelais et Mathurin Régnier et qui subsiste encore, alimenté par la rancune des huguenots réduits à merci après le siège de La Rochelle. Ces motifs se retrouvent même dans la gravure populaire, jusqu'aux approches de la Révolution, inspirés de divers maîtres flamands et français.

Ce qui frappe le plus dans ces morceaux de superficie déjà notable, (l'un mesure près de quatre mètres carrés de toile), c'est la science de composition qui, habilement, sait traduire le sens de la multitude répandue sur la place, et se donnant en spectacle à divers personnages du premier plan à droite. Parmi eux, le gros Mayenne, Nemours, gouverneur de Paris, la reine Marguerite, sœur d'Henri de Navarre, sont reconnaissables. De plus, le peintre a ménagé une agréable perspective de la Seine et de l'Ile Notre-Dame, afin de reposer ainsi la vue par la tonalité adoucie d'un lointain paysage. Les figures demeurent aussi vivantes, aussi expressives et proches de notre temps par leurs attitudes, que si un peintre moderne les avait voulu représenter; et le côté naïf de cette vision se retrouve avec ces ménagères qui, dans l'île, étendent tranquillement leur linge, comme il était d'usage alors, quand on voulait tirer parti des terrains non bâtis.

D'ailleurs, si nous examinons l'autre scène de genre qui se réfère ici à cette époque et à cette même école de Porbus, *les Patineurs devant la Tour de Nesles* (S. II), durant le terrible hiver de 1607-1608, ne serons-nous pas frappés de l'habileté de l'auteur à dégager la note spirituelle de ces faits courants de la vie ?

Car, ce décembre-là, ni plus ni moins qu'aujourd'hui, la mode qui régentait le goût et les distractions, amenait grandes dames et seigneurs sur la place, pour goûter les délices du traîneau et traverser ainsi la rivière.

L'Art de Callot et d'Abraham Bosse n'est pas indifférent à ces manifestations de la vie, et c'est avec lui que va, en quelque sorte se continuer la tradition vraiment française, malheureusement submergée par le flot envahissant des poncifs italiens.

Enfin, une *Vue du Pont-Neuf, des rives de la Seine, et de la Cité* vers 1574 (s. XX) projet non exécuté, d'un attrait beaucoup moins passion-

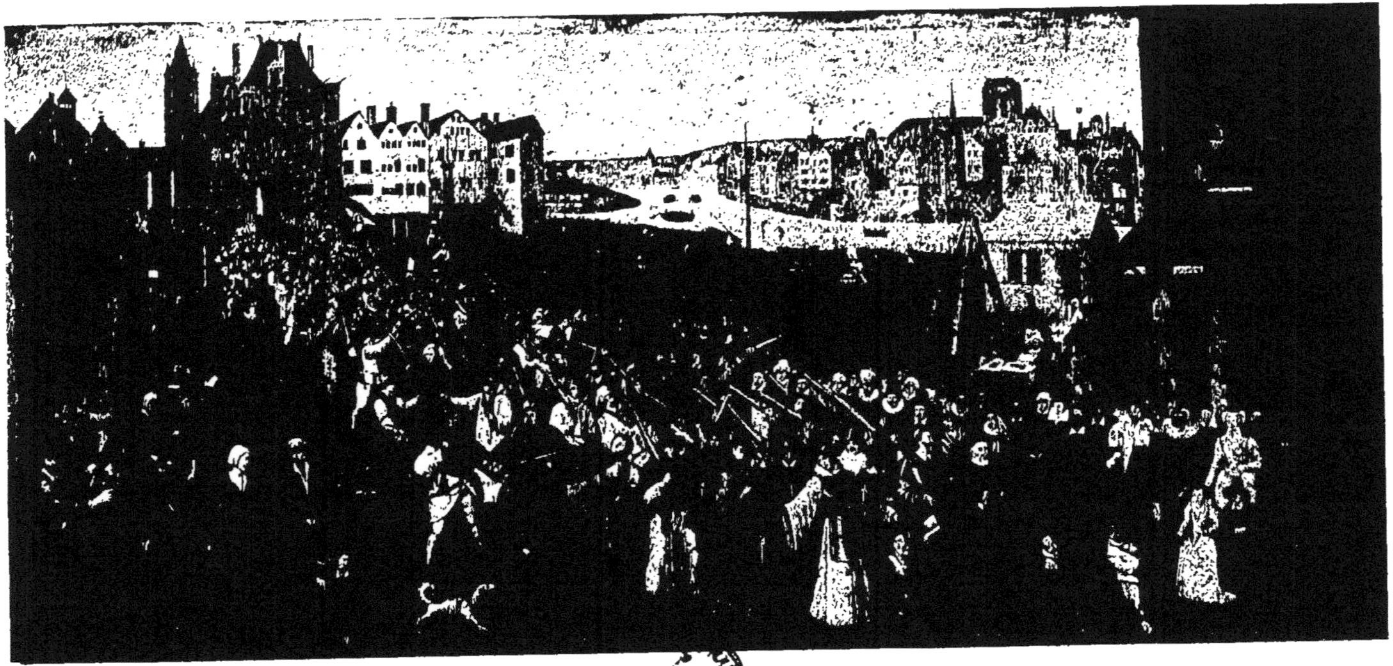

ÉCOLE DE POURBUS.

La Procession de la Ligue (1593)

nant, complète jusqu'à présent le contingent relatif à ce genre de peinture documentaire durant la fin du XVIe siècle.

A titre indicatif, signalons aussi des reconstitutions, l'une peinte à l'huile, et de grande étendue, figurant Paris, en 1588, vue prise de la Tour du Vieux Louvre, et développant au loin les travaux du Pont-Neuf; les autres, aquarellées, par M. Hoffbauer (S. I et II), d'après des documents d'époque, méritent également d'être consultées.

Voici deux *Portraits* qui valent qu'on les considère; celui de Madeleine de l'Aubespine, (1562-1596), femme de Nicolas de Neufville, seigneur de Villeroy, secrétaire d'Etat, (S. VII) semble relever de l'école des Clouet, si l'on s'en rapporte à un dessin de François Clouet, au Cabinet des Estampes du Louvre. Mais ce portrait, à défaut de réelle ressemblance, accuse surtout une certaine raideur de lignes, qu'on ne trouve pas dans ceux de Charles IX et d'Élisabeth d'Autriche.

Le second est celui de *Marie Dominique Miraille*, brûlée comme sorcière en 1587, (Don de Mme Read, S. VIII). Il dénote une assez sérieuse facture, et on le donne volontiers pour un Nicolo del Abbate, élève de Corrège et de Raphaël, qui amené en France par le Primatice, compta dans le groupe dit de l'École de Fontainebleau, reproduisit en cinquante-huit tableaux les aventures du roi d'Ithaque, chantées dans l'Odyssée par Homère, et peignit les fresques de la Galerie d'Ulysse, dans le palais de François Ier. Ce n'est déjà plus la netteté qui particularise les dessins de Lagneau, de Dumonstier et de Corneille, mais l'expression de cette physionomie est saisissante. C'est un caractère et un document tout à la fois que nous avons sous les yeux, et devant lequel on s'arrête volontiers, avant d'aborder la peinture classique de Mignard et de Le Brun.

III

Sites et paysages parisiens du XVIIe siècle

Les peintres que les aspects de Paris ont tentés au XVIIe siècle semblent avoir été séduits de préférence par les horizons larges qui se déroulent au long de la Seine.

Le sens artiste que nous découvrons à ces habitations particulières, à ces ruelles aux pignons saillants, ne leur est pas apparu. Aujourd'hui, ce sont pour nous des vestiges précieux dont l'image nous est chère, parce qu'elle survivra peut-être aux pierres elles-mêmes, parce que le souci du détail et du caractère historique inhérent à ces vieilles demeures telles que l'Hôtel de Sens, l'abbaye des Bernardins, Cluny, la cour de Rouen et tant d'autres, ne les préoccupait pas autant que le paysage conventionnel dont le goût ne s'accommodait alors qu'à la condition d'être meublé de sujets mythologiques.

Au XVIIe siècle, alors que la splendeur naissante de Versailles stimule la gent artiste, ces témoins du vieux Paris, déjà tricentenaires, n'offraient qu'un attrait de circonstance, quand ils se trouvaient figurer dans le cadre d'une vue générale telle qu'il s'en rencontre ici quelques-unes du plus haut intérêt.

En suivant le cours du fleuve, lorsqu'on pénètre dans la ville de cette époque, le regard du spectateur placé, par exemple, près la vieille porte Saint-Bernard, proche l'ancienne Tourelle, envisage au loin la Cité, avec les Tours de Notre-Dame.

Au premier plan, proche la maison des Galériens, sous un ciel nuageux, de nombreux passants rappellent par leurs costumes divers le règne de Louis XIII. C'est alors que commencent à s'élever les maisons qui forment le quartier élégant, au long du quai des Balcons, où l'Hôtel Lambert et l'Hôtel de Lauzun, entre autres, apporteront par la suite leur note décorative.

Cette *Vue générale de la Cité* (S. I.), bien que non signée, porte en soi la marque d'un pinceau attentif à préciser le décor et les personnages.

En aval de la Seine, quand on a quitté l'Ile Saint-Louis pour celle du Palais, et laissé à sa droite le Pont-au-Change afin de suivre l'ancien quai des Morfondus, élargi par le Prévôt des marchands Turgot, en 1738, on aboutit au Pont-Neuf, vis-à-vis la statue de Henri IV.

C'est du terre-plein de ce pont que l'on découvre l'admirable vision du Louvre, du Petit-Bourbon, des Tuileries, de la Tour du Bois et de la Porte Neuve sur la droite ; la Tour et la Porte de Nesle, l'Hôtel de Nevers à gauche, avec le quai des Augustins et Malaquais (on disait *gaye*, autrefois), au fond le Pont Rouge qui, reconstruit sous Louis XIV, en 1685, sur les plans du Frère Romain, devient le Pont Royal (S. II et IV).

Ces vues prises, soit en 1670, soit en 1683, c'est-à-dire lors des embellissements que le Roi Soleil, malgré son inclination préférée pour Versailles devait apporter à Paris, se retrouvent ici, selon des modes d'art variés, c'est-à-dire traitées tantôt à la gouache fixée sur verre, tantôt à l'huile.

De cette autre *Vue de Paris vers 1630*, qui développe en perspective toute la façade du Louvre, (don de M. Sedelmeyer (S. IV), à telles autres peintures voisines et du même temps, la différence d'aspect est sensible.

Froide et perdue dans le gris, cette harmonie d'ensemble a pris, trente ans plus tard, chez divers exécutants, une note de gaieté, de réalisme et de mouvement qui affirme la bonne influence flamande et hollandaise, celle de Wynantz, de Zeeman, d'Abraham de Verwer (*Vue perspective de Paris, au-dessus de la Porte-Neuve,* S. II). Celle de Callot est loin d'être, également, étrangère à cette revivifiance, le prestigieux graveur ayant suscité l'émulation de nombreux imitateurs qui trouvaient dans ses œuvres un premier travail de composition tout préparé, auquel il ne s'agissait plus que de donner de la couleur, témoin cette petite toile d'une tonalité si chaude qui met, en un champ d'espace des plus réduits, la *Tour de Nesle,* la *Seine* et le *Louvre vers 1630* (S. II) et trouve encore le moyen d'y favoriser la pénétration lumineuse.

La Place Dauphine et le Pont-Neuf seront aussi motifs à divers sujets de genre, laissant voir au loin, par la suite, la nouvelle façade du Louvre que Perrault aura fait prévaloir, en 1672, sur les plans de Levau, et de l'autre côté le Collège des Quatre-Nations.

C'est tantôt le passage du carrosse et du cortège royal devant la statue de Henri IV, tantôt la Pompe de la Samaritaine, en son état primitif, ou bien encore la foire permanente qu'alimentent, aussi bien sur le terre-plein que sur les berges, les tréteaux bouffons de Tabarin et de Mondor, de Brioché et de son inséparable singe Fagotin. Marchands d'orviétan, tireurs de loteries, chantres du Pont-Neuf entretiennent la vitalité bruyante de cet endroit fréquenté.

C'est de la peinture secondaire si l'on veut, mais précieuse à cause de l'enseignement qu'elle nous offre sur les habitudes populaires de nos ancêtres. Grâce à elle, les descriptions documentaires que les érudits ont puisées dans la poussière des bibliothèques prennent un coloris attachant et retiennent l'attention.

Il serait fâcheux de ne pas dire un mot sur cette autre *Vue générale de Paris* (S. IV), du milieu du XVIIe siècle environ, prise cette fois des hauteurs du faubourg Saint-Jacques, et d'où l'on discerne, anachronisme architectural qui ne s'expliquerait que par une adjonction postérieure du dôme des Invalides, la Tour de Nesle, disparue comme on sait en 1663. Cette peinture à laquelle le temps a donné des nuances d'un fauve plus que foncé, offre surtout un intérêt rétrospectif d'ordre historique, en raison de la présence au premier plan d'un portrait de Pépin des Essarts, qui fut l'adversaire d'Étienne Marcel, et dont un descendant dut commander à l'auteur ce « pourtraict » de notre ville .

Les aspects particuliers, je l'ai dit plus haut, sont peu fréquents. Plus tard seulement surgiront les amateurs désireux de garder une image de leur domaine, de leur hôtel ou château, offrant ainsi aux artistes l'occasion de s'exercer à ces reproductions peintes ou dessinées des édifices publics et privés, et dont le Musée est en somme assez largement pourvu.

Ce sont, pour la plupart, des peintures françaises, comme celle de Houasse, René-Antoine (1645-1710), élève de Le Brun, sur le *Transport de la Statue de Louis XIV sur la place Vendôme* (alors place Louis-le-Grand), le 13 mai 1699 (S. VII). Une répétition en existe dans une autre salle (S. XXII). Cette œuvre, si l'on consulte le *Compte des Bâtiments du Roi,* publié par A. de Montaiglon, rapporta huit cents livres à son auteur pour « les deux peintures destinées à être gravées par Simonneau l'aîné ».

On trouve encore, dans le même genre de sujets: *l'Inauguration en 1686 de la statue de Louis XIV,* place des Victoires, érigée sur l'ordre et aux frais du fastueux La Feuillade, à la gloire du grand monarque, et fondue sur le modèle de Martin Desjardins. L'œuvre qui, primitivement, était un éventail sur panneau, nous laisse voir le Dauphin, la Dauphine, le maréchal de La Feuillade, assistant au défilé du Corps de Ville ouvert par le prévôt des marchands et les échevins. Seul le roi, objet de cette solennité, manque, retenu à Versailles où il termine sa convalescence au lendemain d'une grave maladie.

Cet enthousiasme de Paris pour son monarque se traduisit encore, comme on sait, par l'édification des deux Portes monumentales de Saint-Denis et de Saint-Martin, à l'entrée de la ville, sur les plans des architectes Blondel et Bullet. La première de ces portes est ici l'objet d'une agréable peinture (S. II), dont le ton général, d'un brun assez intense, tranche avec les toiles avoisinantes.

Encore une ou deux vues, comme le *Pont de bois de la Tournelle,* lors d'un incendie dans l'Ile Saint-Louis, en 1645 (S. II), et la *Maison de Saint-Cyr* (S. XX), dont les pensionnaires, sous l'austère protectorat de Mme de Maintenon, ne songeant pas encore à répéter *Esther,* se contentent d'occuper leurs loisirs au rouet et au métier, sous l'œil bénin mais vigilant de leurs surveillantes ; il n'y aura plus guère d'autres motifs documentaires attirants que les *Farces de la rue Saint-Antoine,* la *Fabrique de cartes à jouer de la place Dauphine* (S. XX), et la *Criée du poisson de mer aux Halles* (S. XXII), sortes de peintures gouachées sur éventail, d'une réelle valeur; puis enfin, ces trois vues de la *Place Royale*, au début du XVIIe siècle, dont la plus grande se rehausse d'une description du célèbre tournoi dit: *Le Roman des Chevaliers de la Gloire* (S. VIII), donné à l'occasion du mariage du jeune roi Louis XIII avec Anne d'Autriche, du 5 au 7 avril 1612. Cette œuvre aux larges proportions, qui paraît avoir été éxécutée d'après une gravure de Claude Chastillon, ingénieur et topographe du Roi, se retrouve plus réduite dans une autre galerie (S. II).

Par elle on se rend compte de l'intégralité de conservation de cette place devenue aujourd'hui la place des Vosges, avec ses maisons symétriques et régulières demeurées telles qu'au temps où on les édifia. Leur construction fut décidée par Henri IV, ainsi que le jardin rectiligne au milieu duquel s'élevait la statue équestre de Louis XIII. Cette statue, édifiée le 13 septembre 1639, fut l'œuvre de deux artistes. Daniel Ricciarelli de Volterre avait en 1556 sculpté le cheval destiné alors à une statue de Henri II et qui resta pour compte à la mort de ce prince. C'est le sculpteur Biard fils qui compléta l'ensemble, avec une assez médiocre figure de Louis-le-Juste. Disparue sous la Révolution, cette statue fut réédifiée le 4 novembre 1829 par Dupaty et Cortot.

En 1655, le carrosse du roi Louis XIV et de la reine régente, sa mère, passant sur la place Royale, ce spectacle, sans être inattendu, inspira toutefois un artiste qui en a laissé l'impression sur une toile qui complète (S. II), avec une des belles gravures d'Israël Silvestre, dont la série est en partie placée sous vitrines, et datée de 1645, la vision que nous avons conservée de ce décor solennel ; et l'on peut remarquer sans peine combien la symétrie qui le caractérise donne à la Place Royale un aspect différent de celui des places édifiées sous le règne de Louis XIV.

IV

DEUX PLAFONDS ET QUELQUES SUJETS DE GENRE DU XVIIe SIÈCLE

Parmi les multiples sujets de curiosité que nous offre le musée, il est juste de signaler, puisque ressortissant au cadre de cette étude, les deux plafonds, rehaussés de peintures, des salles Dangeau et de la Ligue. Rapportés, lors des premiers agrandissements de Carnavalet, de l'Hôtel Dangeau, sis place des Vosges, et que dut habiter, vers 1788, Laurent de Villedeuil, intendant de la généralité de Rouen, ces plafonds, qui ornaient la salle à manger et la chambre à coucher du célèbre courtisan de Louis XIV, Philippe de Courcillon, marquis de Dangeau, l'un des hommes à la mode du grand siècle, ont beaucoup souffert depuis deux cents ans.

Le premier, notamment, demeuré dans son état primitif, ne présente plus guère de visibles que quelques rares figures de cet Olympe par quoi François Perrier le Bourguignon (1590-1656) allégorisa le *Lever de l'Aurore* ou plutôt du Soleil. On retrouve volontiers dans ces compositions la manière favorite de l'auteur d'*Acis et Galatée,* tableau qui décorait le cabinet du duc de Bourgogne, à Versailles. Le dieu Apollon est prêt à monter sur son char et servi par les Heures, mais il est devancé par l'Aurore, tandis qu'on aperçoit la Nuit qui replie ses sombres voiles.

Le second plafond, dû au célèbre Lebrun (1619-1690), élève de Perrier et de Vouet, et protégé de Pierre Séguier, figure Hébé, déesse de la Jeunesse, conduite au Maître des Dieux par Mercure, devant l'Olympe assemblé. Il témoigne de l'influence des maîtres italiens sur ce peintre qui, lorsqu'il entreprit cette œuvre, venait de rentrer de son séjour à Rome. Aux angles de la voussure sont groupées les Muses avec leurs attributs ; les espaces intermédiaires sont autant de sujets de la Fable.

Dans cette salle (salle VIII), décorée de pilastres ioniques à cannelures dorées, existaient originairement place Royale, des bas-reliefs placés au-dessus des portes, et représentant les Saisons, symbolisées par des enfants. De cela, rien n'est demeuré, malheureusement, et l'on peut aussi regretter l'absence des trois statues de Cérès, Bacchus et Hébé, qui ornaient la salle à manger de Dangeau.

L'aspect du plafond de Lebrun a été rajeuni au cours de ces dernières années par M. Charles Maillot qui l'a restauré.

Ce sont d'ailleurs les seuls plafonds de cette époque que nous montre le musée. Un autre plus récent, et qu'on peut rapporter soit à Lagrenée (1724-1805), soit à Eisen (1720-1778) ou à Vien (1716-1809), qui peignit un sujet du même genre pour l'un des plafonds de l'Hôtel de Hollande occupé de 1776 à 1791 par Baumarchais, allégorise un *Triomphe de Flore* (S. X), avec une fraîcheur de coloris et une finesse de lignes digne du maître de David. Ce *Triomphe de Flore* provient en effet d'un hôtel de la rue Blanche, construit au temps où la chaussée d'Antin et les Porcherons devenaient à la mode, hôtel condamné à disparaître lorsque, vers 1875, l'architecte Ballu construisit l'église de la Trinité.

La peinture de genre, si l'on peut y rattacher ici quelques sujets se référant à l'histoire parisienne, s'autorise de divers noms célèbres, tels que ceux de Ferdinand Elle, Abraham Bosse, et peut-être Jean Jouvenet (1644-1717) auquel on attribue jusqu'à un certain point cette attrayante *Leçon du Régent* (S. VIII), leçon donnée au jeune duc d'Orléans par le célèbre abbé Dubois qui devait devenir son premier ministre; œuvre dont l'opacité générale dénote cependant par endroits, notamment dans le jeu des physionomies, un certain intérêt.

A Ferdinand Elle, originaire de Malines et aïeul du Ferdinand qui, en 1681, peignit le portrait du peintre miniaturiste Samuel Bernard, père du célèbre banquier à qui Louis XIV, pour lui emprunter de l'argent, dut condescendre à servir de cicérone à Marly, est attribué par M. Jules Cousin, en l'une de ses notices, cet *Ex-Voto de la Ville de Paris,* (Palier Révolution), à l'occasion de la naissance du duc Gaston d'Orléans, second fils de Henri IV, né en 1608.

Ce sujet, n'était son caractère d'ensemble qui nous donne une impression du groupe formé par divers échevins et magistrats, venant apporter l'hommage de leur fidélité et de leurs congratulations de commande, se rattacherait plutôt au genre du portrait, puisque de l'embu plus ou moins craquelé, né de la disposition de constante obscurité où demeure cette toile, et qui la noircit fâcheusement, ne se dégagent guère, d'à peu près visibles, que les physionomies des édiles du temps, c'est-à-dire Jacques Sanguin de Livry, prévôt des marchands, Thévenot, Lambert, Perrot et Delanoue, échevins.

Combien plus attrayante, dans sa naïveté quasi primitive, cette *Visite de la Reine-Mère Anne d'Autriche et du Dauphin* à l'hôpital des Frères de la Charité (S. XX), en 1658, petite peinture inspirée et, sans doute, copiée à l'époque, d'après une estampe d'Abraham Bosse (1602-1676) le célèbre graveur qui continua la manière de son maître Callot.

Rien n'est plus tendrement touchant que cette réception sans faste, presque familiale, dans la grande salle dont les murs sont décorés de peintures du temps, et contre lesquels s'adossent les lits blancs des malades, recouverts de leurs grands baldaquins rectangulaires.

Et tandis que les deux Majestés acceptent avec simplicité la collation de leurs hôtes, les sœurs et les religieux continuent leur office hospitalier, et consolent les égrotants dont, au premier plan, nous apercevons les visages amaigris.

A coup sûr, l'on portera volontiers encore son attention sur ces délicieux éventails à la gouache, appliqués sur panneaux, et qui, s'ils nous laissent le regret de n'en point connaître les auteurs, nous donnent des sensations de vie beaucoup plus intenses. Ainsi, par exemple, de cette *Fabrique de cartes à jouer*, dans une maison de la place Dauphine, vers 1680 (S. XX), et de cette délicieuse *Collation dans un parc* (S. XX), si pleine d'entrain, de grâce et de gaieté dans sa note agreste et légère.

Cette autre peinture nous fait assister à une *Leçon donnée à l'un des enfants de Louis XIV*, en présence de ce roi (S. XX). Probablement s'agit-il ici du jeune et studieux duc de Bourgogne, qu'une estampe, dont il nous souvient, a reproduit par ailleurs sur un sujet presque semblable, étudiant sous la direction de son professeur de mathématiques, le poète Malézieux.

Enfin, voici, encore digne d'intérêt artistique et documentaire, un tableau fort curieux (S. XX) qui nous reporte au temps où la Comédie Italienne jouissait de la faveur royale de Marie de Médicis. Les *Gelosi*, et parmi eux Isabelle Andréini, les rivaux scéniques des confrères de la Passion, déjà applaudis vers 1577, sous Henri III, aux États de Blois, puis à Paris, à l'Hôtel de Bourbon, où ce prince les avait fait venir, furent conviés, en 1602, à jouer à Fontainebleau avec leur étoile, célèbre autant par sa vertu que par son talent. Leur répertoire ordinaire comportait la farce italienne, avec Arlequin, Colombine, il signor Pantalon, et les sujets dont Molière devait plus tard extraire la quintessence et Goldoni rajeunir la trame, en s'inspirant de notre grand comique français. Il est à remarquer ici qu'Isabelle a le costume d'une jeune dame de cour, élégante et blonde, revêtue de riches atours, où l'or se marie au satin, et que deux de ses comparses portent la fraise à godron et la toque de velours à la mode au XVIe siècle, ce qui tendrait à prouver que l'on comprenait le théâtre comme les maîtres de la Renaissance comprenaient la Bible, c'est-à-dire avec les costumes et le cadre de leur époque.

Plus tard, au XVIIIe siècle, nous retrouverons ici les scènes de la Comédie Italienne, transformée et installée définitivement à l'Hôtel de Bourgogne en 1716, où elle demeura jusqu'en 1780, c'est-à-dire jusqu'à sa fusion avec la troupe française d'où devait naître, en 1783, l'Opéra-Comique, sur le boulevard de Gand, depuis dénommé : des Italiens.

On peut rattacher à cet ordre de peinture documentaire une *Réunion d'Artistes au XVIIe siè-*

cle, que la tradition attribue à Antoine Coypel (1661-1722), œuvre un peu terne, mais non dénuée de qualités de coloris et de mouvement.

V

Portraits du grand siècle

Philippe de Champaigne, Pierre Mignard, Hyacinthe Rigaud et Nicolas de Largillière sont les quatre noms qui personnifient la majesté picturale des portraits du grand siècle en sa pleine apogée. Époque de noblesse et de distinction, où les figures et les corps s'encadrent sous des attributs et des accessoires qui augmentent encore l'air d'importance dont s'animent ces visages de princes et de marquis, de guerriers à falbalas décoratifs, d'ascètes au front nimbé d'austérité, de lettrés ou d'artistes parvenus à la gloire.

Le portrait n'a d'ailleurs pas été l'unique objectif de ces maîtres, et les plafonds de Philippe de Champaigne (1602-1674) entre autres, au Luxembourg, ses peintures à la Sorbonne et à Vincennes, son *Vœu de Louis XIII*, à Notre-Dame, sa *Guérison du paralytique* à Pontoise, etc., etc., et jusqu'à la vie de saint Benoît qu'on admire à Bruxelles, digne pendant de celle de saint Bruno, au Louvre, œuvre d'Eustache Lesueur, disent les multiples ressources qu'un véritable grand artiste peut tirer de son pinceau.

De même Pierre Mignard (1612-1695), pour l'appeler du nom dont Henri IV avait d'un mot aimable et familier surnommé les enfants de Pierre More, laissa au Val-de-Grâce et dans le château de Saint-Cloud dont il peignit le grand salon, des preuves édifiantes de cette puissance de travail et de talent qui devait le désigner, rival de Lebrun, comme l'un des artistes favoris du roi Louis XIV.

Quant à Largillière (1656-1746), élève de Lebrun, dont il conserva les traditions de solennité dans les genres les plus divers, n'a-t-il pas donné également la mesure de ses larges conceptions en ce *Dîné de l'Hôtel de Ville* offert en 1687 à Louis XIV et à la cour, en souvenir de la convalescence royale, par les échevins parisiens? De lui encore, ce *Mariage du Duc de Bourgogne* avec Adélaïde de Savoie en 1697. Ces tableaux qui étaient demeurés à l'Hôtel de Ville furent détruits lors de l'incendie de 1871, où se perdirent ou se volèrent tant de chefs-d'œuvre, (quelques-uns, en effet, ont été retrouvés depuis, au hasard des ventes publiques), et seule une minuscule esquisse du *Dîné* est encore aujourd'hui dans les réserves de Carnavalet.

Rigaud, enfin, qui excellait dans les tableaux de famille, Rigaud y Ros (1659-1743), (c'est-à-dire le Roux, en son patois roussillonnais de Perpignan, sa ville natale), dut son premier succès d'école à son *Caïn bâtissant la ville d'Enoch*, et fut reçu académicien au double titre de peintre d'histoire et de portrait. Mais on sait que sur les conseils de Lebrun lui-même, il s'adonna exclusivement à ce dernier genre, où il conquit la renommée par un labeur dont la qualité n'excluait pas la multiplicité des œuvres.

La science profonde et parfaite du dessin, l'harmonie chromique et la conscience qu'ils mettaient dans l'exécution de leurs œuvres, l'activité, enfin, dont ils étaient doués mais qui, si intense qu'elle put être, ne nous permet pas de leur attribuer délibérément les milliers de peintures qui se prévalent de leur signature plus ou moins authentique, aux ventes et dans les galeries d'amateurs, nous laissent toutefois un champ d'études assez étendu pour qu'il soit possible encore aujourd'hui de les examiner à travers les diverses expressions de leur art, et de découvrir les éléments d'affinités qu'à la comparaison ils nous suggèrent.

Le premier qui, jusqu'à un certain point, se rattache, de par ses origines, à l'influence flamande, étant natif de Bruxelles, trahit dès son début comme une inclination vers l'originalité de l'école française du XVIe siècle. Et bien qu'en ce musée parisien on ne soit pas armé d'une suffisante certitude pour revendiquer authentiquement comme sien ce *Portrait de jeune homme* d'époque Louis XIII qui, dans la salle Dangeau (S. VII), fait pendant au pseudo-Clouet qui figure Madeleine de l'Aubespine, dame de Villeroy, la dérivation, par analogie avec les portraits de Richelieu et de Philippe de Champaigne lui-même en certains côtés, apparaît digne de remarque.

Sans doute, la mode et aussi l'influence italienne propagée par Lebrun ont-elles nui à la pleine expansion de ce génie français qui ne ressuscite, dans son originalité de forme, qu'avec Watteau, c'est-à-dire un demi-siècle après, et plus tard avec Fragonard, Lancret, Chardin et quelques autres prédécesseurs ou adversaires de l'École de David.

Il semble heureusement, et même en ses portraits ascétiques des personnages de Port-Royal dont pas un n'a dû échapper à son pinceau, que Champaigne ait eu le souci de cette simplicité de forme et de trait qui est l'un des plus vigoureux éléments du grand art, parce qu'il est plus près de la vérité. Considérez, au Louvre, ce chef-d'œuvre qui a nom : *Portraits de la mère Catherine Arnauld et de Catherine de Sainte-Suzanne,* sœur du peintre ; examinez aussi le *Portrait d'Arnauld d'Andilly.*

La sévérité douce, le mysticisme de ces grandes figures de Port-Royal conviennent à son tempérament, et nous les retrouvons dans ce portrait d'un Lemaistre de Sacy (salle VIII) dont la paternité, si elle n'est pas indiscutablement prouvée par des textes, peut jusqu'à un certain point, être attribuée à Philippe de Champaigne. Les biographes de l'artiste ne citent pas le traducteur de la Bible quand ils parlent des œuvres d'art du maître laissées par lui aux religieux de Port-Royal. Mais dans son inventaire des tableaux disparus de l'Hôtel de Ville après l'incendie de 1871 (inventaire qui, soit dit en passant, nous a procuré après coup l'occasion de plus d'une surprise), Auguste de Champeaux citait notamment un Lemaistre de Sacy, de Philippe de Champaigne, comme aussi le portrait du Frère François Romain, ce dominicain qui traça les plans du Pont Royal, sous Louis XIV, portrait exécuté par Frère André, un autre religieux du même ordre. Or, ce dernier tableau retrouvé plus tard, on ne sait par quel miracle, dans les collections des magasins de la ville de Paris, figure au musée depuis 1894 (S. XXII).

Dès lors, pourquoi le portrait de Lemaistre de Sacy, échappé lui aussi peut-être à ce désastre, ne serait-il pas celui-là même retrouvé, il y a deux ou trois ans, par le poète Albert Mérat, qui en a fait don aux collections parisiennes?

Il en est encore également ainsi d'une copie du portrait de Mme de Grignan, par Mignard, disparue dans la même catastrophe, alors qu'aujourd'hui nous nous enorgueillissons à juste titre de posséder l'œuvre authentique du maître, acquise, vers 1891, de la famille de Lostange, descendante des Grignan.

Mais ici, heureusement, et sans oublier que les Uffizi revendiquent eux aussi la certitude d'authenticité d'un semblable portrait, nous nous trouvons en présence d'une œuvre dont les détails se retrouvent décrits, par la plume de l'exquise épistolière, ainsi qu'en témoignent certains passages de ses lettres à sa fille:

« Hier au soir, je dis adieu au plus beau des prélats (l'abbé de Grignan) ; il me pria de lui prêter mon portrait, c'est-à-dire le vôtre, pour le porter chez Mme de Fontevrault ; je le refusai *rabutinement*, et lui dis que je l'avais refusé à MADEMOISELLE, et en même temps, je le portai moi-même dans une petite chambre où il fut placé, et reçu avec tendresse et envie de me plaire. Je suis sûre qu'on ne l'en tirera pas, je sais trop bien ce que c'est pour moi que cette charmante peinture, et si on vient le demander ici, on dira que je l'ai emporté. M. de Coulanges vous apprendra où il est. M. de Pomponne le voulut voir l'autre jour ; il lui parlait, et croyait que vous deviez répondre, et qu'il y avait de la gloire à votre fait ; votre absence a augmenté la ressemblance ; ce n'est pas ce qui m'a le moins coûté à quitter. »

Ainsi s'exprimait Mme de Sévigné en écrivant à sa fille le 9 février 1675, en des termes qui se retrouvent parfois encore au cours de sa correspondance, notamment le 4 septembre de la même année, lorsqu'elle parle de « cette tête qui sort, de cette gorge qui respire, de cette taille qui s'avance », en cette œuvre maîtresse qui, alors comme aujourd'hui, provoquait l'admiration des gens de goût.

D'ailleurs, cette élégance et cette finesse des contours préludent en quelque sorte aux portraits futurs des Rigaud, des Nattier et des Vanloo. Peut-être est-ce encore au même Mignard que nous devons ces importants ovales qui représentent à gauche du portrait de Mme de Grignan, celui du ministre Louvois ; à droite, celui probablement de Claude Lepelletier des Forges, qui fut conseiller et prévôt des marchands sous Louis XIV (S. XX).

Quoi qu'il en soit, les œuvres de ce peintre expriment la plénitude des moyens de cet art dont Simon Vouet apparaît comme l'initiateur, plus justement apprécié par l'école et les élèves qu'il forma que par ses tableaux eux-mêmes où se ressent comme une façon d'incertitude de l'orientation esthétique.

Cependant, ce portrait de Michel Le Masle, grand chancelier de Notre-Dame (S. XXII) qui, s'il n'est peut-être ici qu'une répétition ou une simple copie de celui qui fut exécuté par le peintre pour la Sorbonne, où il faisait face au portrait du cardinal de Richelieu, évoque le sentiment d'un procédé savant mais compromis par une pratique trop expéditive, et prépare, tout en marquant un point d'arrêt et comme un obstacle à ces visions dont le Poussin devait être plus tard l'interprète, les formules classiques dont se prévaut encore aujourd'hui l'art officiel.

Cette distinction et cette correction se retrouvent, d'ailleurs, dans les portraits de Largillière, avec, outre le caractère solennel des personnages, le souci d'aviver les objets qui les entourent, les étoffes ou les draperies qui les revêtent, par une ampleur, une science des plis et des ombres dont le maximum d'effet, apparaît en ces *Portraits d'Échevins* (S. XXII), véritable merveille de noblesse et de grandeur, l'une des plus belles pièces picturales du musée.

On comprend à première vue que ces deux magistrats remplissent un office évocateur de traditions abolies, mais dont le caractère grandiose et puissant eût gagné, à certains points de vue, à se perpétuer jusqu'à nous.

Ce même dessin correct se retrouve avec un coloris non moins intense dans le portrait de M. de Châteauneuf (S. XXII).

Par ceux de Louis XIV, du peintre Lebrun et de Van der Meulen, le peintre des batailles, Largillière tient du grand siècle, et sa renommée de Van Dyck français plane jusques assez avant sur le XVIIIe, marquée par diverses œuvres peut-être moins parfaites que les précédentes signalées ici, mais pleines d'enseignement, tel ce *Portrait de*

4.

Voltaire à vingt-quatre ans, exécuté en 1718, lors des premiers triomphes dramatiques de l'auteur d'*Œdipe.*

Largillière et Rigaud préludent à cette expansion originale du sens esthétique vraiment français, et qui tend à se dégager peu à peu des formules poncives imposées par les imitateurs de l'art italien.

C'est aussi un fait assez curieux à signaler, que Rigaud, en dépit des dispositions académiques dont ses débuts offraient la présomption, fut conseillé par Lebrun lui-même de renoncer à la pension de Rome: sauvegarde préservatrice de la personnalité de cet autre Van Dyck, que tel critique d'art contemporain, à propos d'Eugène Carrière, appelait un Carrière qui aurait eu de la couleur. La seule peinture qu'on ait de Rigaud à Carnavalet, est l'esquisse peinte d'une *Tête de jeune homme.* Si on la compare aux bonnes gravures qui représentent Rigaud, elle trahit une évidente ressemblance, ou pour le moins un sérieux air de famille. Cette peinture suffit à faire aimer un tel artiste qui, en dépit de son talent et de son universelle célébrité anthume (il peignit cinq rois, dont Louis XIV, Louis XV et Philippe V, tous les princes du sang et les personnages marquants de son époque), fut un producteur sincère et impeccable de dessin correct et sûr, de coloris harmonieux, et un observateur particulièrement habile à saisir, en même temps que la ressemblance, la synthèse des habitudes et des gestes coutumiers de ses personnages.

La production aussi aisée d'un de Troy, ou d'un Louis Tocqué, fut par la suite moins douée quant aux valeurs, et le mérite inégal de ces artistes peut trouver ici des points de comparaison en présence de tels portraits de bonne facture secondaire, mais qui sont loin de captiver l'attention, d'élever la pensée et d'enchanter le regard comme les œuvres de Mignard ou de Rigaud. Nous verrons plus loin comment ce genre évolua au cours du XVIIIe siècle, d'abord avec Nattier et Chardin, puis avec Vestier, Greuze, Prudhon et Boilly, dont le musée ne peut malheureusement offrir qu'un très petit nombre de peintures à l'attention des amateurs.

VI

Aspects de Paris, et peinture de genre au XVIIIe siècle

La séduction des sites parisiens enchante quelques peintres du XVIIIe siècle avec, pourrait-on dire, plus de vivacité dans l'expression et plus de personnalité que n'en témoignèrent leurs devanciers. Déjà, semble-t-il, le pittoresque revêt à leurs yeux, au hasard des coins et des paysages recherchés, des nuances plus originales. Bien que la plupart des traducteurs de cette poésie de la rue ne disposent que d'une inspiration et d'un talent secondaires, il paraissent déjà comprendre l'attrait de ces visions et vouloir le faire partager à l'amateur.

Ils ouvrent en quelque sorte l'ère des reconstitutions dont la fièvre aujourd'hui nous embrase, parmi les ambiances d'un art devenu le traducteur docile des souvenirs du passé.

Et si nous regrettons à bon droit que tels vieux hôtels du Marais et tels assemblages de maisons si curieusement disposés aient disparu pour faire place aux façades élégantes des nouvelles rues du Palais-Royal, des quartiers Saint-Germain et Maubert, par exemple, sans jamais tenter le pinceau des artistes contemporains de leur splendeur première, estimons-nous heureux du moins qu'ils aient fixé les plus saillants d'entre ces recoins du Vieux Paris.

Il eût apparu peut-être d'un goût douteux, sous le règne des suprêmes et raffinées élégances, d'aller quérir l'inspiration au hasard des ruelles que nous admirons aujourd'hui à cause de leur aspect de vétusté, mais où nul n'osait s'aventurer qu'à la faveur du carrosse, sans risquer d'être le point de mire obséquieux ou menaçant, selon les cas, d'une plèbe grouillante.

Et quel grand seigneur, la mode ayant dicté son arrêt, se fût senti féru de complaisance pour tels tableautiers dont le réalisme n'eût suscité que des railleries parmi les amateurs du temps, et la réprobation des académiciens jurés du salon annuel, voire même parmi les indépendants qui, sur la Place Dauphine, installaient chaque année en plein vent leur exposition à l'octave de la Fête-Dieu.

Aussi bien, la ligne d'horizon se circonscrit-elle, en ce genre d'aspects topographiques, aux alentours de la Seine, avec ses ponts et ses ports, les premiers parfois surmontés d'habitations comme le Pont-au-Change et le Pont Notre-Dame ; les seconds attrayants par l'effervescence de vie qui s'en dégage.

Du Pont Royal à la Tournelle, et réciproquement, de l'extrémité de la Cité à la Grenouillère des Invalides, s'exercera le talent des paysagistes de genre.

Par eux, nous connaîtrons plus ou moins fidèlement l'harmonie coloriste des ciels de Paris et les lignes familières qui se profilent sur les bords de la rivière de Seine, comme on disait alors.

Le *Cours-la-Reine*, les *Tuileries* et leur *Pont Tournant* qui facilitait l'accès de la place ; puis la construction du pont Louis XVI par l'ingénieur Perronet, en 1787, et pour la confection des tabliers duquel furent employés deux ans plus tard des matériaux provenant de la démolition de la Bastille ; un petit bac placé en face des Invalides, servant également au passage du fleuve, sont, entre autres sites, les plus propres à inspirer le talent des paysagistes ; le *Pont Royal,* le *Louvre,* sa colonnade et son quai attrayant faisait face à celui des Théatins, la *Monnaie,* le *Pont-Neuf* et la *Samaritaine ; l'Hôtel de Ville et la Place de Grève, Notre-Dame et la Maison de l'Image,* le *vieil Hôtel-Dieu* et le *Petit Pont,* la *Cité, l'Ile Saint-Louis,* le *Port au Blé* et le *Port au Foin,* l'*Arsenal,* l'*Ile Louviers,* jusqu'au profil de la Seine se déroulant vers la Salpétrière et Bercy, tels sont les sujets préférés que nous retrouverons dans les diverses galeries du Musée (S. II et IV).

Parfois, un écart fantaisiste conduira les artistes jusques au village de Chaillot, ou plus simplement encore aux abords du Palais-Royal, parce qu'ils auront été attirés par les lueurs sinistres de l'incendie de l'Opéra. Vers les églises, ils se plairont encore à saisir l'intérieur de Saint-Roch ou les Feuillants, à prendre sur le vif de leurs scènes populaires les foires Saint-Germain et Saint-Laurent.

Traversent-ils la rive gauche, c'est Sainte-Geneviève ou Cluny qui les tentent, et déjà le Panthéon, qui n'est encore que Sainte-Geneviève, a stimulé les aquarellistes.

Les Raguenet eux-mêmes qui rachètent leur médiocrité de peintres par une certaine originalité de recherche, prendront quelques vieux hôtels, comme Carnavalet, (actuellement dans la collection d'un lord anglais peu empressé d'ailleurs à nous en faciliter la reproduction), comme Bretonvilliers aujourd'hui disparu. Leur sentiment descriptif, non dénué d'observation, les conduira, car ils sont deux, le père et le fils, jusque vers le quai d'Ivry, dont leur atelier de la rue de la Colombe en l'Ile Saint-Louis n'est du reste pas très éloigné ; et dans leurs jours de gaieté, les régates et les *Joutes des Mariniers* sur la Seine, les *Tréteaux du Pont-Neuf et la Samaritaine,* accentueront d'un agréable mouvement l'aridité linéaire de leurs premiers plans (S. II et IV). Un siècle là-dessus écoulé, Paris agrandi, et l'on pourra juger par l'image de l'énorme développement de la capitale, dont le cadre actuel prépare aux siècles futurs une riche moisson documentaire, où les aquarelles, dessins et gravures aideront, pour le moins autant que les œuvres peintes, à former les éléments reconstitutifs des coins perdus de notre grande cité.

De cette légion déjà imposante, se dégagent quelques talents notoires, et parmi eux, certains que la mode ou la Bourse des Arts a singulièrement exaltés.

Voici Hubert Robert (1733-1808) qui, réagissant contre le maniérisme et la fantaisie de Watteau et de Fragonard, développe sous nos yeux des paysages parisiens doublement attrayants, et par leur valeur d'art et par l'intérêt local qui s'attache à ses sujets préférés.

Prévoyant, comme le sont aujourd'hui les véritables passionnés de l'Histoire de Paris, il saisit le moment où, par exemple, le *Pont au Change* et le *Pont Notre-Dame* (S. XX) vont être privés des constructions qu'ils supportent (1786), et nous offre le spectacle de ces terrains momentanément remblayés, avec, au fond, notamment, la *Tour de l'Horloge* du Palais de Justice, ou encore les derniers vestiges de la porte monumentale de l'une des tourelles des extrémités du Pont Notre-Dame. A l'exemple de Demachy, mais avec quelle supériorité de coloris et de rendu, il profite des travaux qui s'opèrent au Louvre, pour en fixer une étape avec la sincérité du peintre qui veut être vrai. Quelquefois aussi, il emploie le jeu des perspectives composites, comme celle du *Pont-Neuf et de la Colonnade* (S. IV), vue sous le cadre d'une arche de pont, et qu'il ornemente d'attributs fantaisistes, comme cet attique surmontant la colonnade, ou cette substitution de l'ordre dorique aux corinthiennes accouplées de Perrault.

Les effets d'incendie ne sont pas non plus insensibles à la rétine de ce paysagiste, accoutumé sa vie durant aux impressions violentes, aux dangers d'aventures parfois tragiques. Les rubescences des vapeurs et des flammes éclairent ses vues de l'*Hôtel-Dieu* (1772), (S. II), et du *Palais-Royal* (1781), (S. IV), de lueurs dont la projection dirige comme un rayon d'épouvante sur l'ensemble du tableau. Déjà, en 1718, Jean-Baptiste Oudry (1686-1755), frappé par l'émouvant spectacle d'un incendie antérieur, avait délaissé un instant ses paysages de chasses et ses toiles animalières pour exprimer la désolation de ces ruines encore fumantes des maisons situées sur le pont, et nous montrer l'Archevêque de Paris sortant de l'Hôtel-Dieu en grand costume, après avoir vu les décombres (S. II).

Les feux des couchants de la campagne romaine, et peut-être les jets de lave des volcans siciliens, semblent hanter les visions d'Hubert Robert quand il peint ces sortes de spectacles. On sait, en effet, qu'il avait séjourné assez longtemps en Italie, et ceux de ses tableaux qui sont au Louvre représentent tous, sauf l'Arc de triomphe d'Orange, des vues prises à Rome.

Elles sont imprégnées encore de l'esprit classique, mais on y découvre l'attrait préférentiel de la description monumentale, et des coins intéressants des vieilles ruines romaines. C'est au milieu d'elles, dans le labyrinthe des Catacombes, que s'étant aventuré, au cours de ses promenades d'étude, il faillit trouver la mort, après avoir escaladé les murs du Colisée.

De tels souvenirs aident à graver les impressions dans la mémoire d'un artiste. Du séjour qu'il fit en 1793 à Sainte-Pélagie ainsi qu'à St.-Lazare, il a laissé de précieux croquis, aquarelles et dessins dont Carnavalet possède un certain nombre (S. XI). Cet artiste fait surgir de son pinceau l'âme de la nature. On en trouvera la preuve en ces *Bains d'Apollon à Versailles* (1) (S. XX).

C'est en poète, pour ainsi dire, qu'Hubert Robert envisagea son travail. D'un rocher il fit le palais de Thétis ; dans la grotte, il aménagea la noble et captivante sculpture de Girardon, et cet ensemble dominant la pelouse, a gardé l'aspect féérique dont la vue nous est encore permise.

Ce n'est donc pas à tort que le regain des surenchères, grâce auxquelles devient aujourd'hui inabordable le prix d'une toile de Watteau ou de Fragonard, s'est indirectement fait sentir sur la valeur courante des tableaux d'Hubert Robert.

(1) Don de M. Nariskine. Voir note p. 68.

Si la hausse des uns est exagérée et doit provoquer tôt ou tard comme une manière de krach de la peinture lorsque surgira quelque nouveau dictateur artistique foulant aux pieds ces affriolantes mièvreries, le peintre des Ruines et des Portiques sera préservé de cet ostracisme, comme il le fut déjà de son vivant par David, car son œuvre trouvera toujours de quoi séduire les esprits les plus divers, comme de son vivant, elle sut lui concilier à la fois l'amitié de Greuze, de Voltaire, de Le Kain, de l'abbé Delille et de Mme Vigée-Lebrun.

On ne saurait non plus passer indifférent devant le *Décintrement du Pont de Neuilly* (S. IV) où, sur la berge de la Seine, l'artiste trouve moyen de grouper des milliers de petits personnages, la plupart vus de dos, comme par exemple le roi Louis XV dont la coupe d'habit silhouette reconnaissablement le contour ; Mme du Barry est à son côté, donnant la main au comte de la Marche, et les courtisans affluent alentour, commentant obséquieusement le travail gigantesque de l'ingénieur Perronet (1772), spécialiste dans cette matière, et dont l'une des places de Neuilly possède la statue.

Les cintres tombent dans le fleuve, l'eau écume et cette lumière se répand sur l'ensemble qu'elle éclaire, tandis que l'on devine tous les regards concentrés vers cette importante opération. Il y a d'ailleurs une répétition de ce tableau, donnée par le comte Schouwaloff, dans une autre partie du Musée (*Escalier du Siège*), et l'on s'est demandé plus d'une fois, sans oser conclure, à laquelle il convenait de décerner le caractère d'un original.

Le talent d'un tel artiste laisse loin de lui, comme bien l'on pense, celui de Raguenet et de Demachy qui se sont cependant presque uniquement consacrés à ce genre de peinture. Celui-ci ne pourrait toutefois être privé, aux yeux du critique, d'un certain lien d'affinité avec le peintre dont il partagea souvent la tâche, en compagnie de Clérisseau.

Comme Hubert Robert, il peignit des ruines, et manifesta sa prédilection pour les documents d'architecture, ayant reçu de Servandoni, à qui nous devons Saint-Sulpice, ses premières leçons.

Les églises ont surtout tenté le pinceau d'Antoine Demachy. C'est comme un reliquat de cet art italien qui va disparaître, pour faire place au culte de l'antique, à la sévérité de Vien et de David.

Il existe ici (S. II et IV) nombre de ces intérieurs, et si parfois les originaux font défaut, des esquisses les remplacent, comme cette *Vue intérieure de Sainte-Geneviève* (1761), dont le tableau primitif est aujourd'hui encore la propriété d'un châtelain de la Sarthe; l'*Eglise des Saints-Innocents, Saint-Jean en Grève* lors de sa démolition, *Saint-Roch*, etc.

Tout cela varie, comme facture, entre 1760 et 1800. *Les Dégagements du Louvre* et de sa colonnade (S. XIV), le *Palais-Royal* (S. IV), le *Collège des quatre Nations* (S. II), parfois une solennité, comme ce *Feu d'artifice de l'Ambassade d'Espagne*, 1782 (S. IV), intéressent encore l'artiste dont la production facile et dénuée de prétention se chiffre par des centaines de toiles durant sa longue existence. Il mourut, en effet, en 1807, âgé de quatre-vingt cinq ans.

On rapporte à quelque élève de Demachy cette vue de l'*Hôtel de Salm* en pleine construction (S. IV), hôtel devenu le Palais de la Légion d'honneur.

Nous retrouverons d'ailleurs Demachy au cours de la période révolutionnaire dont il a fixé sur la toile quelques épisodes.

Au passage, on notera volontiers encore des échantillons de l'école hollandaise peints sur cuivre par Grevenbrœke, qui fut membre de notre Académie. Ce sont des vues des *Invalides* et du *Gros Caillou* (1738), du *Village de Saint-Cloud* (1738), avec le vieux pont de Sèvres, dont les bois s'appuyaient sur l'île Séguin (S. II).

C'est dans ce même ordre d'idées que l'artiste hollandais, dont le musée de Lyon possède également quelques œuvres intéressantes, a laissé un aspect de la *Maison du Fermier général Lenormand d'Etiolles,* près Corbeil, à deux pas de la forêt de Senart où Jeanne Poisson, devenue par son mariage la nièce du propriétaire de ce cottage, aimait à venir attendre Louis XV, lorsque ce monarque chassait dans les environs.

Dans la même note, mais avec plus de mouvement dans les attitudes, et d'agrément dans le coloris, se remarqueront quelques pages de Jean-Baptiste Lallemand (1710-1805) : *Vue de Notre-Dame, Vue de la place Dauphine* (1765); aussi des toiles de Noël (Alexandre-Jean, 1752-1834), qui s'exerçait à prendre des vues de Paris en se plaçant soit au Pont-Neuf, soit au Pont-Royal, ou encore au Quai du Louvre (S. II et IV).

De Senave (Jacques-Albert, 1755-1819), peintre belge, demeuré peu connu, élève de Julien et de Suvée, on note le *Pont et la Pompe Notre-Dame*, et le *Port au Blé,* œuvres contemporaines de la Révolution. Celle-ci, on le verra par la suite, n'a pas tout à fait paralysé l'essor artistique; et souvent même à tel peintre qui se croyait voué, comme Lallemand ou Demachy, à la reproduction pacifique d'une simple rue parisienne, elle a suggéré l'idée de fixer une scène pittoresque, un incident notoire. Par contre, un de ces fanatiques adeptes, devenu juré du tribunal révolutionnaire qui, le 15 octobre 1793, condamna Marie-Antoinette à monter sur l'échafaud, Claude Châtelet (1753-1794), nous a laissé une assez curieuse *Vue du Pavillon de musique de Trianon* (S. XVIII), au temps où la reine s'y venait reposer.

On aimerait volontiers mettre, avec quelque certitude, un nom d'auteur sur diverses toiles d'école française qui nous évoquent, soit des sites disparus, comme cette *Vue des Invalides et de la Grenouillère* (S. IV), où les berges verdoyantes de la Seine revêtent encore un peu de cette rusticité à peine visible même aux environs de Paris ; soit des scènes pittoresques comme ce *Transport des filles à la Salpétrière* (S. IV), voire ces *Plombiers*, faisant le raccord de trois heures, en trinquant avec les *gardes des Tuileries* (S. IV), sujets auxquels s'exerça par ailleurs la verve quasi flamande de Jeaurat. Et l'on ne passera pas non plus indifférent devant ces *Cortèges* et ces *Fêtes au Pont-Neuf*, l'*Incendie de la*

Chambre des Comptes, qui fait déjà prévoir la fougue coloriste d'un Fragonard, l'*Incendie de la foire Saint-Germain* (S. IV), et la *Parade à la foire Saint-Laurent* (S. XVI).

Bien d'autres œuvres, d'ordre secondaire, également, mais non des moins curieuses, gardent encore le voile de l'anonymat, et rendent obscurément service aux auteurs soucieux de couleur locale, de vérité documentaire.

La peinture de genre, qui avec Watteau, Boucher, Frago, Greuze, Lancret, Jeaurat et Vanloo, a revêtu des aspects si divers, où la grâce et l'ingéniosité se combinent aux artifices et aux afféteries du siècle de Louis XV, est naturellement moins développée dans ces galeries où elle n'a sa place marquée qu'en raison des services documentaires qu'elle est appelée à rendre, touchant le costume et l'allure générale des personnages, en fixant ainsi une page de l'histoire de nos mœurs parisiennes.

Ce sont par exemple des *Réunions d'artistes* (S. XVIII) comme celle, déjà signalée plus haut, qu'on attribue à Antoine Coypel, et qui est peut-être l'œuvre de son fils Charles-Antoine (1694-1752), lequel était très mêlé au mouvement dramatique de son temps, par son goût pour la poésie et le théâtre. C'est à lui, en effet, qu'on doit les *Folies de Cardenio,* pièce héroï-comique en prose (1720) ; le *Deuxième ballet dansé par le roi, dans son château des Tuileries* (3 actes avec un prologue en vers libres) et nombre de tragédies et comédies non imprimées, mais dont le duc de la Vallière avait obtenu une copie de l'auteur pour sa bibliothèque demeurée célèbre.

Voici, d'un inconnu, une délicieuse petite *Scène de la Comédie italienne* (S. XVIII), jouée par des enfants, pleine d'humour et de grâce juvénile ; une *Allégorie de la Paix* de Noël Hallé (entre S. XX-XXII), esquisse d'une figure qu'on retrouve dans le tableau général dont une répétition existe au Musée de Versailles, tableau composé à l'occasion des traités de Paris et d'Hubertsbourg, en 1763, lorsque la nouvelle en fut communiquée aux magistrats parisiens.

C'est encore, de quelque quarante ans plus anciennes, l'*Arrivée de Mehemet Effendi,* ambassadeur turc, aux Tuileries, le 21 mars 1721, peinture exécutée par Charles Parrocel, concurremment avec onze autres de ses collègues de l'Académie, comme il était d'usage, lorsqu'on voulait fixer par l'image un évènement de cette importance.

La toile qui est à Carnavalet (S. XXII) n'est, bien entendu, qu'une réplique très réduite du tableau du Musée de Versailles, lequel ne compte pas moins de vingt-deux pieds de longueur, mais elle a pour nous l'intérêt d'une page historique où se retrouvent, outre la terrasse du jardin, certains coins du couvent des Capucines, et le dôme de l'Assomption.

On accorde assez volontiers à Eisen (1730-1778) la petite scène d'intérieur d'un *Marchand de Lingerie* (S. XV) dont l'effet général accuse une fraîche et pimpante tonalité grise. Mais, à la vérité, Eisen fut plutôt un gracieux dessinateur, habile à traduire les scènes des ouvrages qu'il illustrait, comme cette merveilleuse édition des Contes de La Fontaine, dite *des Fermiers généraux*. Quoi qu'il en soit, ce fragment, car il semble incomplet, ne manque pas d'attrait.

De même pour cette petite toile ovale, où *Fanchon la Vielleuse* (S. XVI) joue un air de son instrument, dans la contre-allée du Temple, à la grande satisfaction du jeune abbé qui la courtise ; peut-être est-ce Latteignant, tandis que, dans le lointain, un petit Savoyard semble guetter leur manège. Le chevalier de Favray (1706-1791), qui excellait d'ailleurs dans le portrait, peut-il passer à bon droit pour l'auteur de ce tableautin, lequel en somme rappelle une vieille légende popularisée par le théâtre vers 1803 (la célèbre pièce de Bouilly et Pain fut créée cette année-là au Vaudeville de la rue de Chartres, par Mmes Belmond et Blosseville, par Henry et Julien)?

Sans se prononcer à ce sujet, on peut alléguer toutefois que depuis 1751, Favray vécut à Malte et à Constantinople, et que les indications biographiques cessent à son sujet depuis 1773, époque de son dernier envoi au Salon de la Correspondance, où tout au moins en 1783, date du portrait qu'il aurait fait d'Emmanuel de Rohan, grand maître de l'Ordre de Malte, et qui figurait, selon Millin, (*Antiquités nationales,* tome III) dans la commanderie de Saint-Jean-en-l'Isle (Seine-et-Oise).

On affirmerait plus aisément devoir à la verve du Parisien Etienne Jeaurat, cette *Dispute à la fontaine* (S. XVIII) où deux mégères, devant les badauds, préludent, un siècle d'avance, à la fameuse scène pugilesque de l'*Assommoir* de Zola, entre Gervaise et Virginie, héroïnes de lavoir.

Le peintre de Diogène se retrouve dans cette belle toile, dont le mouvement, les effets et les lumières, rappellent les maîtres flamands. L'élève de Wieughels ajoute, à ce pittoresque pris sur nature, l'esprit de sa ville natale. On dirait d'un Viesen Breughel, transporté aux alentours des Innocents dont son fils eût aimé peindre les aspects macabres et les scènes infernales.

On s'attarderait encore aisément à ces petites charges dont la fantaisie genevoise agrémenta la renommée de Voltaire à Ferney, en le représentant soit à sa table de travail, bonnet carré, habit vert ou marron, comme ces petites pochades de Jean Huber (S. XXII), soit au saut du lit, enfilant ses chausses, avec la crainte d'être surpris dans ce primitif appareil.

Lancret, Frago, Watteau, on le voit, manquent à l'appel dans cette revue de la peinture parisienne. Ils ne sont, en effet, révélés ici que par quelques sanguines, dessins ou gravures, portraits et croquis d'artistes de théâtre, ou Mezzetins plus ou moins contestés ; encore doit-on ces richesses à la libéralité de M. Jules Maciet qui a contribué si largement depuis six ou sept ans à l'expansion vraiment artiste de cette partie du Musée, et n'a pas cru devoir, à l'exemple de certains, réserver uniquement au Louvre, ou aux Arts décoratifs, le meilleur de ses collections.

L'allégorie plafonnière, nous l'avons signalée précédemment (chapitre III), pleine de qualités avec ce *Triomphe de Flore,* qui après avoir jadis décoré un salon d'hôtel rue Blanche, au temps où Frago, Lagrenée, Huet et Vien satisfaisaient le caprice des danseuses grasses et maigres, bénéficiaires des largesses d'État, a trouvé un asile protecteur au milieu de nos galeries révolutionnaires. C'est peut-être un Lagrenée, peut-être un Eisen qui a donné à Flore tant de sveltesse et de grâce divine, à ces petits amours tant d'aisance à tresser leurs guirlandes.

Mais qui a pu admirer le joli *Triomphe de Flore* de Vien, lequel décore l'un des salons de l'hôtel de Hollande, et que Beaumarchais dut s'offrir, lorsqu'il habitait cet hôtel au 47 rue Vieille-du-Temple, avec les droits d'auteur du *Barbier* ou de *Figaro,* ne peut se défendre d'esquisser un léger rapprochement.

D'autres se prononceront plus tard sur ce sujet délicat, lorsque suffisamment documentés, ainsi que, par exemple, sur ces deux peintures qui, dans la salle XVIII (Liesville), s'encadrent dans les moulurations des boiseries et figurent dans l'atmosphère de délicieux paysages, l'*Enlèvement d'Europe* et la *Naissance de Bacchus,* scènes mythologiques où l'on devine le pinceau d'un petit maître du XVIIIe siècle. Et il nous reste, à nous la satisfaction d'avoir constaté que l'art digne de ce nom et de ce temps n'était pas exclu des galeries de Carnavalet, bien au contraire, et que la richesse présente peut faire augurer favorablement de l'accroissement progressif si vivement souhaité par les vrais amateurs.

NOTA — On a tenu à rétablir ici au sujet d'Hubert Robert quelques lignes qu'une interversion de pages avait laissées échapper en cours d'impression :

Durant son incarcération, Hubert Robert exécuta, outre de nombreuses esquisses, 53 tableaux, parmi lesquels le portrait du poète Roucher que ce dernier envoya à sa femme à titre de cadeau suprême, la veille de sa mort sur l'échafaud de thermidor.

C'est peut-être avec Hub. Robert que le paysage, ou pour mieux dire, le coin pittoresque de rue ou de jardin, commence à s'imprégner de sentiment. A cette époque, en effet, le mot de *plein air* fait ses premières apparitions. Il sera bien un peu étouffé par le conventionnalisme de David et de ses élèves, mais Outre-Manche, l'école anglaise surgira avec Constable, se naturalisera, pour ainsi dire chez nous avec Bonington et plus tard avec Turner, devançant ainsi notre école française, les jardins récréés par Manet, et l'art impressionniste, auquel on rendra du moins par la suite cette justice qu'il nous a appris à aimer nos squares, nos allées ombreuses et nos sites parisiens, à sentir leur charme, à percevoir la vie à travers les scènes de chaque jour qui laissaient nos ancêtres plus ou moins indifférents, ou que la règle académique proscrivit du Louvre et de l'école.

Les *Bains d'Apollon* retracent sur la toile l'œuvre exécutée sur place par l'artiste qui, dessinateur des jardins royaux, fut chargé par Louis XVI de restaurer le bosquet d'Apollon dans le parc de l'auguste ancêtre.

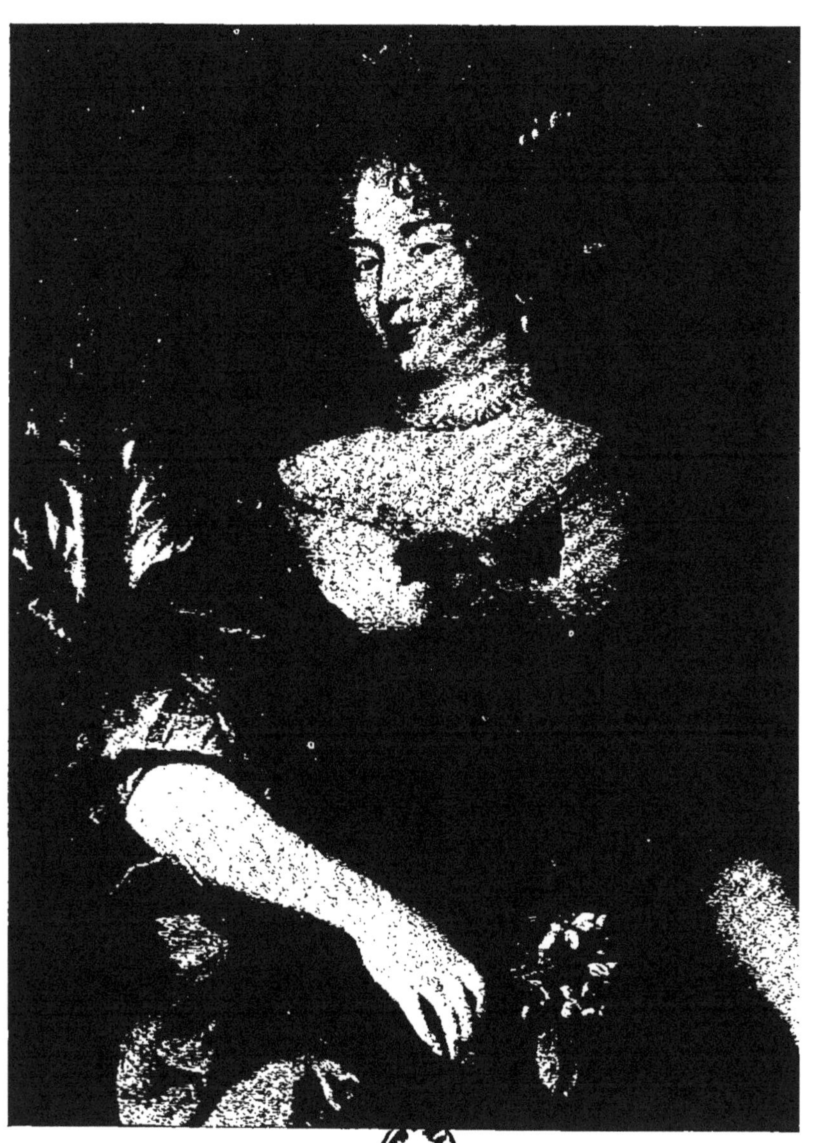

P. MIGNARD.

Portrait de Madame de Grignan.

VII

PORTRAITS DU XVIIIe SIÈCLE

La majesté pompeuse qui préside aux attitudes des personnages du grand siècle se retrouve dans les portraits de l'époque Régence, un peu affranchie de l'austérité imposée par le purisme de Mme de Maintenon. Les grandes perruques poudrées et bouclées font encore florès au Palais-Royal ; les robes à manches et à jupes longues n'ont pas été jusqu'alors supplantées par les robes à paniers, témoin ce portrait (S. VIII) de Françoise Letellier de Barbezieux, duchesse de Bouillon, morte prématurément en 1719, à la suite du surmenage d'une mondanité trop échevelée dans l'entourage des roués.

Mignard, Rigaud et Largillière ; Bertin, Boullogne et Jouvenet ont formé des élèves, orienté des tempéraments, qui, sous l'influence des mœurs plus affinées, transformeront peu à peu le sentiment esthétique.

Les artifices de la vêture, les agréments de la physionomie présentent chez un Nattier, un Van Loo ou un Drouais un charme plus séduisant, plus familier. L'art, en un mot, s'est humanisé et rapproché de la vie, encore que celle-ci demeure artificielle.

Ici, nous trouverons des intermédiaires dignes d'intérêt avec, probablement, François Detroy (1654-1730), Antoine Pesne (1683-1757), petit-neveu du graveur Jean Pesne, et Noël Hallé (1711-1781).

Le *Portrait d'Echevin* (S. XXII), attribué au premier de ces peintres, dégage une réelle habileté de facture, quand on examine de près ce magistrat à perruque blonde, dont le manteau rouge recouvre à demi la robe professionnelle. Ce fut d'ailleurs une famille d'artistes réputés que celle des Detroy, dont le premier, Nicolas, né à Toulouse au début du XVIIe siècle, avait été peintre de l'Hôtel de Ville de cette cité. François, son second fils (le premier fut Jean qui succéda à Nicolas, dans sa charge de peintre de l'Hôtel de Ville, excella dans le portrait ; celui qu'il a laissé de Mansard (au Musée de Versailles) le prouve; il fut même peut-être supérieur à Jean-François Detroy, son fils (1679-1752), qui décora l'hôtel du financier israélite Samuel Bernard, par la sincérité de ses moyens d'exécution, bien que le renom de ce fils, propagé par *l'Histoire d'Esther* et par le *Chapitre de l'Ordre du Saint-Esprit* (Musée du Louvre), ait été plus éclatant que le sien propre.

Plus sobre, on dirait même plus sec, le *Portrait du graveur et éditeur d'estampes Jean Mariette* (S. XIV), daté de 1723, n'est pas dépourvu de cette dignité coutumière aux personnages nobles, artistes et bourgeois de ce temps, grâce au parti qu'Antoine Pesne, à l'exemple des autres maîtres, savait tirer de la coiffure pour mettre en valeur les traits saillants du visage.

Ce grand nez droit, cette bouche large mais fine que surmontent deux plis marqués, signes de la maturité d'âge, contribuent à un ensemble physionomique, lequel n'est pas sans inciter au rapprochement de certains portraits de Carle Van Loo. L'un des Vanloo fut d'ailleurs filleul d'Antoine Pesne, et l'on sait qu'un Amédée Van Loo fut peintre du roi de Prusse, Frédéric-Guillaume, comme le fut Pesne, également l'auteur d'un portrait de ce monarque qu'on peut voir à Versailles.

Noël Hallé, fils et petit-fils d'artiste, et dont le *Passage de la mer Rouge* fut récompensé d'un premier prix de l'Académie, fut de préférence un peintre d'histoire et de tapisserie. La *Dispute de Neptune et de Minerve* (1748), lui valut son entrée dans la compagnie filleule de Mazarin et de Colbert. Il sut agrémenter ses tableaux, reconnaissables par leurs effets de perspective, de divers portraits se rattachant aux sujets qu'il traitait.

C'est ainsi que son *Allégorie à la Paix de 1763*, dont on peut voir une réplique au Musée de Versailles, et l'esquisse de la *Figure de la Paix* dans l'entre-salle XX-XXII du Musée Carnavalet, comportait une série de personnages, magistrats parisiens, recevant la nouvelle du Traité de Paris. De l'un de ces échevins, M. Mercié, nous pouvons examiner ici la physionomie réfléchie, le regard béatement pacifique planant à l'horizon, cependant que la croix de Saint-Louis se détache sur sa poitrine. Malheureusement, les colorations, que le temps a sans doute rendues un peu fauves, semblent aujourd'hui assez artificielles, et les tons rougeâtres dont ce peintre était coutumier n'emportent pas de haute lutte le cri d'admiration.

A côté de ces maîtres prestigieux dont le dessin, d'une si merveilleuse facilité, semblait se jouer de toutes les fantaisies, de tous les caprices de la mode et du goût au XVIIIe siècle; dont la renommée, légèrement discréditée par la renaissance du purisme antique et par la méthode de David, a reconquis, de nos jours, le regain d'admiration qu'elle mérite; à côté de Watteau, ce fantaisiste de génie, dont on ne voit ici que quelques sanguines, croquis et gravures, voire un possible Mezzetin (S. XVI), répétition de la figure masculine qui se trouve dans la composition gravée sous le nom du *Lorgneur* (don de M. Maciet), on placerait volontiers Fragonard, dont le défaut de style, compensé par une merveilleuse facilité (le ficelage, dirait-on, en argot d'atelier), n'offre de sujet d'admiration dans les collections historiques de Paris, qu'avec un petit dessin (vue d'un jardin, probablement le Luxembourg). Mais voici le prestigieux François Boucher, dont les mille toiles et les dix mille dessins couvrent le monde entier, et dont une *Etude* peinte, un simple petit pied féminin, campé sur un édredon, le pied de la Du Barry, veulent les uns, de la Morphise, déclarent les autres, peu importe d'ailleurs, exprime (S. XV) une notable part des qualités de ce maître. A ses détracteurs, David lui-même répondait : « N'est pas Boucher qui veut. »

Le portrait trouve encore ses représentants les plus richement doués dans la personne de Carle Van Loo, de Nattier et de Chardin, pour la peinture, de La Tour pour le pastel.

C'est dans l'atmosphère de ces artistes que rayonnent les petits maîtres secondaires : les Drouais, Pater, Leprince, Eisen, Lancret, Cochin, Pujos, Roslin, Faveray, Trinquesse, Huet, voire ces deux délicieux Saint-Aubin, dont les seuls croquis sont autant de petits poèmes, et les deux Moreau, dont les gravures sont l'ornement recherché et de plus en plus rare des ouvrages de bibliophiles, depuis que des vandales, marchands ou bureaucrates, sous couleur de collectionner, ont extrait ces estampes, au hasard de leur découverte, des livres qui les contenaient, et défiguré en quelque sorte ces ouvrages en les privant de leur complément artistique.

A défaut de Carle Van Loo, dont à la rigueur une *Tête de femme* dessinée peut revendiquer jusqu'à un certain point les deux crayons (S. XV), et un petit *Portrait à l'huile du nègre Zamore,* serviteur infidèle de Madame du Barry, le pinceau ; à défaut de Marc Nattier, de la manière duquel se rapproche un *Portrait de dame de qualité jouant de la vielle* (S. XVIII), nous examinerons avec attention un *Portrait de Fran-*

çoise-Marguerite Pouget, qui fut la seconde femme de Siméon Chardin (1689--1779).

Ce portrait (S. XVIII), qui provient d'un legs de la baronne Nathaniel de Rothschild, comportant également le portrait de Lucile Desmoulins, par Boilly, fut considéré de bonne foi, et pendant assez longtemps par la donatrice, comme étant celui de Mme Geoffrin, la protectrice des Encyclopédistes, celle-là même dont Mlle de Lespinasse fut la lectrice.

Qu'on se figure, saillant d'un fond sombre où quelque attention permet de discerner une pendule Louis XV et une table, une femme d'âge, agréable à considérer, de par la douceur qui s'exhale de son regard; elle est assise devant un rouet qu'elle actionne de ses mains nerveuses et finement étudiées, véritable chefs-d'œuvre de mains; une toilette bleu pâle, comme il convient à son harmonie, un décolleté modestement voilé d'une écharpe de dentelle noire au dessin scrupuleusement détaillé, avec cette conscience qu'un Chardin ou son ami Aved eût apportée à la perfection des accessoires; on se fera ainsi une idée relative de ce portrait. Evidemment, par sa comparaison avec les Chardin qui sont au Louvre, étude de genre, natures mortes et fruits, il ne permet pas de s'écrier *a priori* : C'est un superbe

Chardin, et encore moins : C'est le portrait authentique de sa seconde femme.

Mais en nous reportant à un certain portrait de *Fileuse* entrevu lors de la vente, il y a trois ou quatre ans, d'une collection particulière à l'Hôtel Drouot, et dont le catalogue reproduisait d'ailleurs cette peinture, nous avons été frappé de la ressemblance des deux figures, alors que, cependant, le portrait de ladite Marguerite Pouget, dessiné par Chardin et gravé par Laurent Cars en 1755, ne présentait pas les mêmes éléments de similitude avec le tableau qui nous occupe.

Quoi qu'il en soit, c'est là une œuvre de réelle valeur, et qui ferait belle figure au premier plan d'une collection de véritable amateur. Elle attire et retient le visiteur, et laisse très nette sur la rétine, l'image, même rapidement entrevue.

Voici du moins un bon portrait de Louis Tocqué (1696-1772) élève de Nicolas Bertin et gendre de Marc Nattier. Tocqué, dont la renommée s'étendit jusqu'à la cour royale, grâce à un superbe portrait de Marie Leckzinska commandé à cet artiste par le roi, excellait beaucoup plus dans la disposition des étoffes et l'ornementation décorative de ses personnages que dans le rendu de leur expression. Aussi ce portrait de Mme

Doyen, née Delaplanche, belle-sœur de Tocqué (S. XIV), accuse-t-il un peu de sécheresse quant à la physionomie. Il semble, en outre, n'apparaître qu'en surface, avec ce menton à peine détaché et ce contour linéaire d'une tête qui s'avère comme légèrement disproportionnée par rapport au reste du corps. Mais que d'habileté dans la manière de traiter le costume, d'enguirlander de roses le corsage, et que voici bien, vierge de ficelage, l'âme du dix-huitième siècle résorbée dans cet apparent souci de l'unique effet de la toilette!

Abordons maintenant la phalange des petits maîtres du portrait qui retiennent l'attention jusqu'à la venue de Prud'hon et de Vestier.

C'est Colson (1720-1778) élève de son père, qui par crainte, probablement, du ridicule infligé à son nom patronymique de Gille, au théâtre de la Foire où Gille équivalait à Pierrot et Arlequin, troqua ce nom contre celui d'Anne Colson, sa mère. Un cartel (S. XIV), indique un *Portrait de Colson* par lui-même. Ce que nous savons, c'est que Colson fils, qui à côté de l'atelier paternel fréquenta ceux de Nonnotte et du frère Imbert, exposa le portrait de son père au Salon de 1793. D'un éclairage un peu nuisible à l'expression et à la tonalité du visage, le tableau qu'on voit ici n'est pas sans mérite. Le personnage assis est représenté à mi-corps, le pinceau à la main ; il est vêtu d'un habit à raies jaunes et bleues, qui semble se repérer à l'époque révolutionnaire plutôt qu'à celle de Louis XV.

Dans l'atelier des maîtres précédents, travaillait également Duplessis (1725-1802), lequel reçut aussi des conseils de Subleyras, élève du toulousain Rivalz.

Duplessis, dont, à notre connaissance, il n'existe presque rien au Louvre, fut cependant plus qu'un petit maître, si l'on en juge d'après les portraits de Glück, Ducis, Marmontel, Franklin et Necker, gravés par divers artistes du temps.

Il fut d'ailleurs directeur des Galeries de Versailles, et la simple vision du *Portrait de M. de la Michodière, échevin* (S. XXII), suffit à nous convaincre de l'habileté avec laquelle ce peintre savait disposer ses effets de lumière pour mettre en valeur les attitudes, les visages, et traduire jusqu'aux plus minimes détails sans nuire à l'effet de l'ensemble. Ce n'est plus l'opulente et pompeuse allure du *Portrait de M. Chauvin* (S. XXII), œuvre de la fin du grand siècle, ni celle des majestueux édiles de Largillière transformés par le pinceau magique de ce dernier en personnages quasi-royaux.

Mais cette sobriété non dénuée de finesse et

de fraîcheur, apparaît comme une formule intermédiaire, en quelque sorte préparatoire à la Révolution. Cette formule, nous la retrouvons appliquée dans un petit *Portrait* féminin ovale (S. XV) un peu mièvre et ramassé, mais plein de séduction et que de judicieuses présomptions ont placé sous l'égide de Duplessis.

Donat Nonnotte (1708-1785), élève de Lemoyne, n'est pas sans analogie avec cette sorte de simplicité accommodée aux nécessités artificielles de son temps. On lui prête ici la responsabilité d'un portrait de *M. de Flesselles,* prévôt des marchands (S. XXII), victime quelques années plus tard de la tuerie populacière qui suivit le 14 juillet 1789, la prise de la Bastille. Il n'est pas prouvé que ce portrait soit contemporain absolument de la phase prévôtale accomplie à Paris par ce magistrat qui semble ici porter bien allègrement la soixantaine d'années qu'il devait avoir à cette époque, puisque né en 1721 ; mais le document que ce tableau constitue, demeure digne d'intérêt.

Il ne serait pas équitable de laisser sous silence, parmi les peintres du XVIIIe siècle dont le Musée peut présenter des œuvres authentiques, le portraitiste Alexis Grimou (1680-1740). Ce type de précurseur des rapins modernes, et qui, de nos jours, eût fait époque à Montmartre, compromit une belle carrière d'artiste admirablement doué, par le décousu de son existence passée en grande partie en état d'ivresse. On peut même se demander par quels prodiges d'habileté il arrivait à terminer les portraits que les gens de qualité obtenaient de lui à grand'peine, lorsqu'ils prenaient la précaution de flatter son penchant vicieux qu'il a si bien caractérisé lui-même dans ce sien *Portrait de Buveur* qui est au Louvre. Il se faisait, dit-on, dans ses moments de quasi-lucidité, une telle haute idée de sa valeur d'artiste, qu'il refusa, paraît-il, en 1709, de laisser son œuvre de réception à l'Académie de peinture à côté de celles des impétrants agréés en même temps que lui, et dont la relative médiocrité l'indignait. Existence bien faite pour tenter la curiosité d'un iconographe, que celle de ce fils de cent-suisse, élevé au hasard de la fatalité, et apprenant seul son métier en copiant des Rembrandt et des Van Dyck. Et de fait, cette influence se retrouve dans ses fonds et ses visages; tel ce *Portrait de Mlle Duclos* (S. XVI) la rivale célèbre d'Adrienne Lecouvreur dans les bonnes grâces du Maréchal de Saxe, portrait dont la simplicité et l'agrément font en dépit de sa rondeur, une œuvre des plus sensuellement attirantes. Ce n'est plus la tragédienne peinte dans la magnificence de ses atours comme l'a voulue Largillière, lorsqu'il l'a représentée en 1714 dans *Ariane*. Non, c'est simplement le buste d'une femme bien en chair, décolletée à souhait, l'œil malicieux et doux à la fois, la bouche vivement séductrice, et tout cela sur un fond dont la nuance fauve laisse presque oublier qu'on se trouve en face d'un portrait, tant ce dernier apparaît vivant et gracieux ; ce qui est en somme une belle preuve de talent.

Le nom d'Hubert Drouais, qui rappelle une manière si curieuse et si intéressante, ne figure sous aucun tableau du musée. Mais un *Portrait de Dalembert* (S. XVIII), exécuté en 1770, nous dit le guide explicatif, par Catherine Lusurier, (1753-1781) élève d'Hubert Drouais, et probablement aussi de son fils François-Hubert, rappelle, avec moins de vigueur cependant, la manière de l'auteur des portraits du comte d'Artois et de Mme Adelaïde.

Il n'est pas sans intérêt documentaire de rappeler en passant que la seule peinture de Catherine Lusurier qui soit exposée au Louvre, est également le portrait d'un Drouais, mais, cette fois, de Jean-Germain, fils de François Hubert et qui, élève de David, mourut prématurément en 1788, à peine âgé de vingt-cinq ans. Or, le jeune peintre qui est représenté de trois-quarts et coiffé d'un chapeau noir à larges bords, paraît avoir au moins de seize à dix-huit ans. Ce serait donc vers 1780 que ce portrait aurait été tracé. Or, puisqu'il porte, à droite, l'indication d'une facture datant de la quinzième année de la jeune artiste, celle-ci serait donc née plus tôt vers 1765, auquel cas, malgré la précocité de son talent d'enfant prodige, elle n'aurait pu recevoir utilement de leçons que de François-Hubert Drouais, mort en 1775, et non d'Hubert qui mourut en 1767.

Ce petit détail était intéressant à noter, puisqu'il fait planer un doute sur l'indication de naissance relevée plus haut à la date de 1753, celle du décès étant incontestablement justifiée par un acte de la paroisse Saint-Roch, du 11 janvier 1781.

Lorsque, au hasard de la promenade à travers les galeries, on a remarqué en passant, pour le rattacher à cette période si fructueuse de l'art français, tel petit *Portrait du peintre Boucher* (S. XVIII), par le chevalier suédois Alexandre Roslin, il ne reste plus, avant d'aborder l'époque révolutionnaire, qu'à édifier quelques modestes conjectures objectives ou attributives sur diverses toiles qu'un examen minutieux et sincère ne saurait négliger.

C'est, par exemple, un *Portrait de Dame de Qualité* (S. XVIII) en toilette de ville, dit le cartel, toilette largement décolletée, et d'où émerge un cou assez élancé, terminé par un de ces visages allongés qui font penser à l'Adrienne Lecouvreur de Fontaine. C'est encore, dans la galerie du Costume (S. XV), un délicieux *Portrait de jeune femme* accoudée à une table et tenant auprès d'elle une quenouille. De la grâce, de la simplicité, beaucoup de naturel, et un jeu de couleurs savamment dégagé du bariolis de son corsage, font de cette œuvre peu connue un sujet d'admiration pour tous les gens de goût. Offerte au musée, ainsi qu'un certain nombre d'entre ces petites merveilles, par l'infatigable collectionneur M. Maciet dont les libéralités s'étendent à tous les offices d'art de Paris, cette peinture n'a pas d'auteur certain. On a cité le nom d'un Robert de Sery, qui ne figure à notre connaissance sur aucun dictionnaire artistique, et que nous n'avons encore trouvé sur nul catalogue d'amateur. Peut-être est-ce le seul chef-d'œuvre d'un artiste demeuré obscur.

Ce sont là des investigations bien délicates à préciser, surtout dans une époque si riche en producteurs d'ordres divers. Aucun cependant ne laisse à notre esprit l'idée d'un rapprochement immédiat avec le portrait de cette jeune femme à la quenouille. Est-ce Vien ou l'un des Drouais, Huet ou Duplessis? Peu importe; c'est un beau morceau d'art, et cela nous doit suffire.

Voici encore pourvu de qualités attachantes, un curieux *Portrait d'artiste* (S. XIV), attribué à Jeaurat (Etienne), et donné pour l'auteur lui-même. On se plairait à voir, dans cet accoutrement familier et bonhomme, le peintre de la *Dispute à la Fontaine*, qui excellait d'ailleurs dans les portraits, à en juger par ceux de *Piron, Panard et Collé*, sur une même toile entrevue autrefois à l'exposition centennale de la ville de Paris, et qui alors faisait partie de la collection Sedelmeyer. Mais cette rondeur un peu malicieuse, cette tenue d'intérieur caractérisée par le foulard négligemment noué, par le bonnet formant turban autour du front, se retrouvent avec plus de ressemblance peut-être dans la physionomie de Carle Van Loo dont les gravures du temps nous ont transmis d'assez fidèles reproductions.

On ne se prononcera pas non plus avec certitude sur la paternité qu'il convient d'affecter à cet intéressant *Portrait de l'Architecte Ledoux et de sa fille* (S. XVIII) que la tradition de famille du donateur, M. Chal, petit-fils du constructeur des Hôtels Thélusson, d'Uzès, et de la danseuse Guimard, chaussée d'Antin (en 1773) donne comme une œuvre de Fragonard, ami intime de Ledoux et parfois décorateur prestigieux des salons dont ce dernier avait dressé les plans. Certes, ce serait en tous cas un Fragonard bien différent de celui de l'*Escarpolette* et du *Billet doux*, et qui risquerait fort de ne pas voir pousser l'enchère à trente mille, comme le fut le premier de ces tableautins à la vente Morny en 1865, ou à quatre cent vingt mille comme il advint pour le second, à la vente Cronier, en 1905.

Mais le portraitiste peut différer parfois du fantaisiste ardent, échevelé, qu'est demeuré le divin Frago. On s'est reporté ensuite par comparaison, pour le susdit portrait de Ledoux, sur une attribution à Vestier. La pondération coutumière du pinceau et du trait de l'auteur de *Latude* offre divers contrastes qui ne seraient pas de nature à atténuer le doute de l'amateur initié, n'était une petite miniature dudit Vestier qui représentait les deux mêmes personnages.

Dans cette salle Liesville (S. XVIII), un autre portrait séduit encore les admirateurs et les iconographes. C'est une toile carrée, représentant en buste, sur un fond sombre, le *philosophe Jean-Jacques Rousseau,* non plus avec la note douce et fine qui donne tant de charme au *Pastel* de La Tour dont une copie peinte figure dans la galerie des Echevins (S. XXII) mais un Rousseau plus âpre, plus réfléchi, au regard soucieux et duquel l'amertume des luttes constantes n'est pas exclue.

C'est aussi, à quelques distance, un intéressant *Portrait du Maréchal de Belle-Isle,* également peint d'après un pastel de La Tour ; c'est encore, puisqu'il faut se résigner à limiter cet aperçu aux sujets les plus saillants, un portrait au pastel (S. XVIII) de *Ledru,* célèbre magicien, aïeul de Ledru-Rollin ; puis, enfin, un *Portrait du docteur Quesnay* (1694-1794), médecin consultant de Louis XV, et que le monarque appelait familièrement *Le Penseur.* Il est représenté (S. XIV) assis, feuilletant avec intérêt le *Précis sur les diverses observations sur le trépan dans les cas douteux.* C'est donc probablement à l'époque où, rendu célèbre par sa réputation du *Livre sur la saignée,* de Silva, c'est-à-dire vers 1737, Quesnay fut appelé à la cour comme chirurgien et médecin du duc de Villeroy, que l'on peut rattacher ce portrait, document utile puisqu'il concerne le futur chef de l'Ecole des Physiocrates, dont la théorie de l'impôt appliqué à la terre seule, impôt direct conséquemment, devait exercer une si grande influence sur les aspirations de la Constituante de 1789.

Des qualités de détail, notamment dans les ornements du costume, jabot et manchettes, compensent dans cette œuvre l'uniformité de ton du visage et des mains, et les ombres noirs déplaisantes du poil rasé, mais visible, qui teinte la lèvre supérieure. Mais c'est en somme une peinture honorable.

Ce que nous avons examiné jusqu'à présent ne constitue, on le voit, qu'une part bien minime de la production picturale du XVIIIe siècle. On pourrait compléter ce chapitre avec une incursion dans le domaine de Prudhon, de Greuze, de Garnerey et de Vestier. Mais les œuvres de ces derniers que nous trouverons dans les collections de style et d'histoire parisienne, en ce Musée, ont trop de rapports avec l'époque révolutionnaire pour qu'on ne nous pardonne pas de leur réserver une mise en évidence plus marquée dans ce cadre si distinct du précédent. De cette période novatrice, ils ont été les interprètes initiateurs les plus personnels, les plus fidèles, surtout à ces traditions que Louis David et son école allaient battre en brèche, en associant les principes de la vertu républicaine à ceux de l'art antique, dans cet atelier célèbre où le disciple de Boucher et de Vien invitait ses propres élèves à ne faire que du grec pur, et à jeter sur les maîtres qui l'avaient précédé un discrédit plus intéressé que justifié.

Il a suffi d'un demi-siècle pour en corriger sensiblement les effets, sans enlever au peintre des gloires, des épisodes et des costumes révolutionnaires ses qualités réelles et profondes de dessin et de couleur, de pureté linéaire, d'harmonie, de dignité et d'énergie, qu'un peu moins de sévérité et un peu plus de perspective auraient rendu génial.

VIII

Peintures de la Révolution et de l'Empire, et Révolution de la Peinture

« Ce n'est point à cette époque, écrivait en 1808 Lebreton, rapporteur officiel du mouvement des Beaux-Arts sous la Révolution, qu'il faut chercher à caractériser l'état des arts en France. »

En effet, lorsque se fut atténué, avec la chute des aigles impériales, le prestige de cet école qui, sous l'influence prépondérante de David, pensait condamner à jamais l'art de Greuze, Lagrenée, Fragonard et Vestier, en un mot toute cette éclatante phalange des petits maîtres du XVIIIe siècle, on s'empressa de faire bon marché des formules imitées de l'antique, de cette peinture dont M. Delaborde disait qu'elle se lavait comme un verre d'auberge fraîchement rincé.

Loin de se préoccuper de ce qu'elle avait pu apporter d'intéressant dans le domaine esthétique, correction sévère du dessin, sentiment de ce plein air qui devait triompher un demi-siècle plus tard, et préluder de nos jours à l'expression du paysage d'après nature, enfin, ce qui n'est pas à négliger, documentation des faits multiples d'une époque tourbillonnaire qu'il était impossible de fixer avec la pondération nécessaire aux œuvres vécues, on accusa formellement David et Prudhon d'avoir défiguré leur époque, de s'être faits les meurtriers de la beauté et de la poésie. Michelet lui-même, jugeant hommes et faits à distance respectable de plus d'un demi-siècle, concluait que l'art révolutionnaire se cherchait comme l'époque. Il n'a manqué à l'un et l'autre que de durer pour se comprendre et se diriger.

Certes les héros de la Révolution, emportés par la terreur des événements précipités, eussent fourni de singuliers modèles à des artistes méthodiques, et les contrastes violents qu'ils offraient avec eux-mêmes étaient de nature à dérouter la fantaisie même la plus échevelée d'un peintre ou d'un dessinateur.

Le cadre allégorique seul, à moins de déchoir dans la caricature (et celle-ci se donna carrière librement et lourdement sur le compte des contemporains de 1789), semblait convenir à la synthèse des faits. De plus, comme il servait parfaitement d'ailleurs, dans les années qui suivirent, les visées représentatives de Bonaparte, en se prêtant à la traduction solennelle des faits et gestes du souverain et de son entourage, cet art-là concordait parfaitement avec la vie et les mœurs. Il donnait aux gens et aux choses un caractère légendaire imité de l'antique, et dont la curiosité populaire s'accommodait, faute d'autre pâture.

A la fougue de Frago, aux désinvoltures savantes des Saint-Aubin dont la moindre esquisse trahit la maîtrise du poncif, aux mièvres et délicates sanguines d'un Lancret, si délicieusement adaptées aux sujets les plus risqués, succédait la sévérité des lignes, le convenu des attitudes, l'observance rigide des perspectives. Ces règles étroites et impérieuses devenaient autant d'obstacles à l'originalité d'un David, d'un Gros ou d'un Prudhon. Et l'on se demande assez justement quelles merveilleuses symphonies coloristes nous eût valu le talent de tels peintres, si leur tempérament initial ne s'était astreint à respecter les propres barrières qu'ils avaient eux-mêmes imposées à l'art français.

On connaît peu de portraits qui se puissent réclamer d'un éclairage aussi discrètement lumineux que ce *Portrait d'Inconnu* de Pierre-Paul Prudhon (S. XV) dont jusqu'à ce jour, sans que l'authenticité de facture puisse être un seul instant mise en doute, il n'a été possible de retrouver nulle trace dans les ouvrages consacrés à ce précurseur de l'Ecole française contemporaine. C'est là, évidemment, la physionomie vive et réfléchie, mélancolique et inspirée de quelque jeune artiste familier de l'atelier du maître. Sa tenue le prouve, notamment ce grand feutre qui commence à être de mode à l'époque consulaire.

Il y a là une matière superbe, des valeurs supérieurement rendues, nées de l'effet du noir savamment traité, combiné avec la teinte claire de la face, sur le fond sombre du tableau, et que Rembrandt n'eût pas désavouées.

Évidemment, il procède de la pleine maturité de l'élève du Dijonnais Desvosges. Si l'art de la Révolution cherche sa vie et ne parvient pas à la réaliser, l'art de Prudhon s'exprime parfaitement à cette époque, qui est probablement celle où il composa le *Crime poursuivi par la Vengeance,* vers 1803, œuvre qui vit le jour cinq ans après au Salon, valut à son auteur la croix de la Légion d'honneur, et lui fit entrevoir le chemin de l'Institut. Et puis encore, ce qui nous séduit dans ce portrait, c'est d'y pouvoir discerner comme un léger indice de cette mélancolie familière à l'auteur, et que la fin tragique de son élève Mlle Mayer devait assombrir progressivement plus tard, au point qu'il ne survécut que deux années à cette confidente de tous ses instants et qu'il mourut en 1823, à peine âgé de soixante-cinq ans, n'ayant pu surmonter le mal que lui causa cette brusque séparation.

Louis David, plus encore que le Corrège français, subit l'influence du séjour de Rome que le jury académique disputa si chèrement à ce jeune élève de Boucher et de Vien, au point qu'il lui fallut concourir quatre fois pour remporter le premier prix, mérité dès la prime épreuve, mais que Vien, furieux de ce que son élève eût concouru à son insu, lui avait fait enlever.

De Rome en effet, où il fit deux stages, celui de l'école, auprès de Vien, de 1775 à 1780, durant lequel il peignit la *Peste de Saint-Roch*, et celui qui suivit sa réception à l'Académie en 1783, et d'où il rapporta le *Serment des Horaces*, David conserva l'amour des formes du bas-relief antique, et à côté de ce goût décoratif et théâtral, comme une secrète inclination vers les sujets classiques. C'est en vivant parmi ces éléments, en marge de la réalité ambiante, qu'il dut sentir naître cette affinité qui, dès le début de la tourmente révolutionnaire, le transporta, au risque d'abandonner son art, dans la mêlée combative, faisant de lui un des sectaires les plus farouches de la Montagne et du Comité de Salut public.

Sans doute, illusionné par la magie des évènements, revoyait-il en Marat un Brutus, en Robespierre un Sylla, en Bonaparte un César. En tout cas sa vision était juste et cet homme auquel la destinée assigna des sauveurs à divers tournants périlleux de son existence, Sedaine à l'heure des découragements juvéniles, Merlin de Douai lorsque son nom fut marqué sur les listes du tribunal criminel pour la guillotine, sut voir clair en acquérant et en sachant conserver l'amitié du héros dont il fixa sur la toile les hauts faits. Arriviste de génie qui peignit les *Amours de Pâris et d'Hélène* pour le comte de Blois, esquissa le *Serment du jeu de Paume* pour la gloire des Constituants et composa la *Mort de Marat* et les *Derniers moments de Lepelletier de Saint-Fargeau* pour la Convention, *Bonaparte au Saint-Bernard* pour le conquérant d'Italie, et le

Sacre pour l'Empereur, s'il sacrifia, comme tant d'autres devant les autels du demi-dieu de notre légende nationale, du moins eut-il le mérite de conserver au terme de leur évolution normale ses convictions de césarien après la chute du gouvernement impérial.

Et l'on ne saurait sans iniquité garder rancune à la mémoire de cette victime de la Restauration, obligée après les humiliations des successives déchéances qui lui furent infligées, de mourir en terre étrangère. Le seul fait d'avoir, au cours de son exil, long des dix dernières années de son existence de vieillard, refusé les propositions de Humboldt, le ministre prussien, et de Wellington, suffirait à motiver la reconnaissance nationale qui se doit après trois quarts de siècle aux cendres de cet enfant de Paris, auquel les Pays-Bas réservèrent, eux, de solennelles funérailles, un tombeau et un monument à Sainte-Gudule, la cathédrale bruxelloise où il repose encore aujourd'hui, sans que nul d'entre ses compatriotes n'ait, jusqu'à ces jours derniers, élevé la voix pour que sa cendre vînt prendre place dans l'une des nécropoles de sa ville natale.

Si Versailles et le Louvre nous laissent un assez vaste champ d'examen en exposant une partie de l'œuvre énergique de David, Carnavalet n'en possède malheureusement qu'une seule esquisse véritablement digne d'attirer le regard par sa beauté de conception. C'est une tête de *Marat assassiné* (S. XI), avec juste assez de buste pour qu'on puisse voir la marque du coup fatal dont le frappa Charlotte Corday. Il émane de ce petit tableau une tristesse douloureuse qui suffit à transformer ce masque en une figure de martyr. Et pourtant ce n'est là qu'une répétition en couleur du dessin dont Copia, le graveur benjamin des artistes du temps, tira sa populaire épreuve. Elle se rattache entièrement au *Marat dans sa baignoire*, actuellement à Bruxelles, et qui fut inspiré à l'artiste au lendemain de l'assassinat du tribun.

D'autres portraits attribués à David figurent dans la galerie révolutionnaire, et ne manquent pas d'une relative habileté de facture jointe à un certain souci de ressemblance, tels *André Chénier* (S. IX), son frère *Joseph Chénier* (S. XI), et ce *Portrait de M. Sériziat* (S. XI), officier de police coiffé du chapeau tromblon, et qui peut s'inscrire comme une répétition d'un portrait qu'on a pu voir au Louvre. C'était le beau-frère de David.

Il entrait dans la destinée des héros de la Révolution, de voir leur physionomie stimuler le talent des peintres, et cela si fréquemment qu'on se demande avec quelque raison comment ces farouches sectaires, au milieu de leur tâche absorbante de législateurs et de policiers, trouvaient encore les heures de pose indispensables à leurs portraits. Quand on parcourt les galeries révolutionnaires de Carnavalet, ce n'est pas un, mais cinq, dix Marat, Danton, Robespierre, Bailly, que l'on est en mesure de comparer. Toutes les formes de l'iconographie et des arts plastiques y sont mêlées, et l'on se rend compte de la puissance déjà prestigieuse de la réclame à cette époque, réclame que l'imagerie populaire et la caricature ne contribuèrent pas moins à multiplier dans les classes populaires.

Marat triomphateur, couronné de lauriers, avec sa houppelande à revers de fourrure, *Marat à sa table de travail* (S. IX), soulevant d'une main son bonnet rouge, et montrant ainsi que l'ami du peuple écrit pour la liberté en défendant les Droits de l'Homme, *Marat* apothéosé *aux Cordeliers* en 1793, esquisse relevant de l'école de David (S. XI), rien n'a été oublié. Mais le Marat véritablement lyrique et ressemblant, nous le devons au peintr eet pastelliste Joseph Boze (S. IX). Il est assez fidèlement conforme à la description que nous a laissée du tribun son collègue le poète Fabre d'Eglantine, et l'on y retrouve volontiers ce visage osseux d'où saillit un nez aquilin à demi écrasé et néanmoins proéminent, ces lèvres minces d'où jaillirent tant d'apostrophes véhémentes dont sa voix chaude et vibrante doublait les efforts oratoires, ces yeux à la fois terribles et gracieux et qui mettent tant de charme étrange sur une figure dont la légende semblait avoir effacé l'ombre de tout sourire.

Un autre petit portrait à l'huile de *Marat* donné par M. Clemenceau, et qui fait pendant à celui de Robespierre, fournit une pareille impression, corrigeant ainsi l'effet horrifiant de ce buste de plâtre peint qu'on peut voir sur l'une des armoires de la salle de la Bastille, et qui, sous la Convention, figurait dans toutes les sections et les écoles, avec la chemise dépoitraillée et la serviette nouée en turban autour du chef.

Voici Georges-Jacques Danton dont les traits heurtés et le front dominateur attestent l'audace éloquente. Deux peintures (S. IX et XI) semblent s'être efforcées de traduire cette familière attitude. Est-ce le pinceau d'un David, (comme semble l'écrire Michelet), d'un Ducreux, d'un Bonneville ou d'une Mlle Charpentier, familière de l'entourage du tribun, qui nous a valu ces importants documents ? Rien que nous sachions jusqu'à présent ne permet encore de l'établir avec certitude, bien que l'authenticité de l'un d'eux soit indiscutablement établie, puisque le docteur Robinet, qui le légua au Musée, le tenait lui-même de Mme Menuel-Danton, nièce du conventionnel. Ce que l'on sait aussi, c'est que le graveur Chenay, qui était parent de Victor-Hugo, grava ce portrait et en tira d'estimables épreuves.

Le vrai Mirabeau, lui, le fougueux orateur de 1789, a été reproduit, pourrait-on dire, sur toutes les coutures de son facies ravagé. On verra ici parmi les peintures de second ordre, ce *Mirabeau dans son cabinet de travail,* par Dubos (S. IX) auquel on sera amené à comparer les nombreuses gravures en couleur, les bustes, les médailles et moyens de reproduction si variés, dont se servit la renommée pour perpétuer la mémoire de celui qui allait devenir le roi de la tribune, et ouvrir l'ère des nouvelles destinées du pays avec les Etats Généraux.

L'élégant Robespierre n'est pas non plus oublié. Après Boilly auquel on attribue ce *Portrait de jeune homme* encore imberbe, qu'on dit être Robespierre (S. IX), voici plusieurs autres études. Ici l'œil vif et inquisiteur se détache et anime tout le portrait dont le buste laisse voir la redingote et le gilet rayé alors très à la mode. Bonneville (François) qui collabora, comme on le sait, à cette célèbre galerie gravée de la Révolution, a fixé la physionomie de Robespierre avec quelque succès d'expression, comme aussi le visage de *Couthon* (S. IX).

Si l'on déplore que le portrait célèbre de Necker peint par Duplessis ait été perdu en 1871, le dessin gravé par Sergent nous est demeuré du moins. On peut toutefois compter un assez intéressant *Bailly* traité dans une note à peu près similaire par Garnerey (1755-1837), élève de David, et dont le *Louis XVI au Temple* fut très remarqué en son temps. Il ne s'agit ici que d'une toile minuscule peinte d'après un dessin de David et dont une sorte de répétition agrandie figure à la place d'honneur de la salle IX (Révolution).

C'est au même Garnerey, père du célèbre peintre de marines, que nous devons aussi ce petit *Portrait de Mlle Maillard* (S. XVI), la célèbre cantatrice qui personnifia la déesse Raison lors des fêtes de l'Être suprême et dont la corpulence était si propice à ce genre de représentation ainsi qu'on en peut juger même par ce petit bout de toile gravé par Allix.

A côté de ces œuvres dignes d'une mention,

l'éducation historique se complète notamment avec d'autres portraits. Voici *Alexandre Lenoir* (S. IX), fondateur du musée des Monuments, à qui nous devons la préservation d'une grande partie de nos trésors d'art sous la Révolution. Ce portrait est dû à Mlle Bouliard (1772-1819). Un *Joseph Lebon* signé de Dominique Doucé (S. XII) aide à contrôler une toile de grandeur naturelle datée de 1793, sans grande valeur d'art (S. XI). Ici c'est un *Jean-Louis Laya* par Landry (S. XI); là une médiocre esquisse craquelée du Philippe-Égalité que les gravures de Jones, d'après Josuah Reynolds, ont rendu populaire. Çà et là, encore des toiles d'inconnus remettent en mémoire les physiques de *de Launay* gouverneur de la Bastille (S. XII) de *Théroigne de Méricourt* (S. XI), de *Courtois,* de *Barbaroux* (S. XII), de *Camille Desmoulins* (S. XI), de *Chaumette* (S. IX), qui fut procureur-syndic de la commune, lors du 10 août 1792, de *Saint-Just* (S. XI), de *Charlotte Corday* (S. XI), de *l'abbé Grégoire* (attribué à Mauzaisse), de *M. et Mme Gohier* peints par Pajou fils (S. XIII), et de quelques autres personnages marquants de cette mémorable époque.

Mais lorsque le sens esthétique se veut un point de repère, c'est au *Latude* de Vestier (1740-1824) qu'il réserve sa faveur.

Le portrait qui figura au Salon de 1789 et que l'auteur refit plusieurs fois et grava lui-même au pointillé, est l'une des meilleures œuvres d'un artiste assez inégal en ses diverses productions, si l'on en juge par les portraits qui font l'objet d'un legs récent (legs Rivoire) et qui, signés de Vestier, portent tous une date voisine de 1789, et sont cependant réellement inférieurs au portrait de Madame Vestier, lequel daté de 1787, figure actuellement au Louvre et qui fut légué à M. Phidias Vestier, petit-fils de l'auteur de *Latude*.

Bien que le héros des *Trente-cinq ans de captivité* occupe presque tout le premier plan du tableau en montrant d'une main la forteresse où s'écoula la majeure partie de son existence, la simplicité de l'attitude combinée à la sobriété du dessin aux harmonies des couleurs, suffit à mettre en relief le talent qu'à l'examen on y découvre. Entre cette toile et mainte autre qu'on a pu attribuer au même Vestier, notamment cette présumée *Théroigne de Méricourt* (S. XVIII) que rien, sauf quelque lueur vague du regard, ne désigne comme l'héroïne des journées du 10 août, il n'y a pas de doute possible.

Le *Latude* est un Vestier, et *Théroigne* n'est peut-être, malgré l'avis autorisé d'Henri Rochefort, contrebalancé d'ailleurs par celui de MM. Jules Cousin et Guiffrey, beaucoup moins affirmatif, qu'une bonne page d'un peintre très ordinaire de la même époque, Charpentier ou Danloux.

Mais d'autres sujets sollicitent notre attention. Sans prétendre accaparer l'admiration des initiés, ce *Portrait de Marie-Antoinette* (*La veuve Capet*) *à la Conciergerie* (S. XII), provenant du cabinet de l'abbé Caron, esquisse exécutée par Prieur (Jean-Louis), juré au Tribunal révolutionnaire et ami de Fouquier-Tinville, n'est pas sans intérêt. Il semble que ces vêtements de deuil ajoutent à la noblesse de l'expression et que la coiffe blanche qui encadre le visage, amaigri par la souffrance, soit comme l'auréole du martyre.

Plusieurs portraits de généraux célèbres mettent en quelque sorte une note de transition entre le mouvement révolutionnaire et l'épopée impériale. Ceux de *Dugommier* (S. IX) (venu de l'ancienne collection Soult), de *Kléber* (S. IX), d'*Augereau* (S. XI), par Heinsius (1740-1812), de *La Tour d'Auvergne,* attribué à Greuze (S. XII), n'offrent en vérité qu'une valeur documentaire.

Le portrait de *Kléber* pourrait même, de l'avis autorisé de notre distingué confrère M. André

Girodie, être attribué à l'alsacien Martin Drolling et serait de la sorte d'une facture légèrement postérieure à l'époque révolutionnaire. Mais elle rappelle, avec plus de couleur la pureté classique de l'art de David dont Drolling était l'un des meilleurs élèves, que nous reverrons plus loin au hasard de nos descriptions.

Et l'on s'arrête avec plaisir devant ce petit cadre ovale, sur lequel un portrait de Marceau (S. XII), suffit à faire ressortir le talent ingénieux et si varié de Sergent-Marceau (1751-1838), qui, mêlé aux événements de la Convention, mériterait à notre avis de bénéficier aujourd'hui d'une petite part de la faveur qui s'attache aux moindres croquis de certains artistes d'entre ses contemporains.

Sergent, né à Chartres en 1751, et qui s'était fait remarquer par ses qualités dans la gravure en couleur, avait enseigné son art à Emira Marceau, sœur du général. Lorsqu'il l'eut épousée en 1795, après son premier veuvage, il conçut pour le héros du Mans et de Fleurus une admiration qui se transforma en un véritable culte lorsque Marceau fut tombé à Altenkirchen sous la balle d'un chasseur tyrolien ; et de toutes ces actions d'éclat, il fit le sujet du plus grand nombre de ses œuvres.

Les *Honneurs rendus au brave Marceau après sa mort,* aquatinte de belle venue, en sont ici un échantillon, ainsi que divers petits portraits d'*Emira Marceau* et de lui-même.

Avec Gros et Robert Lefèvre, qui portraictura les souverains de la première moitié du siècle, et dont les réserves de la Ville possèdent plusieurs grandes toiles, entre autres, un *Napoléon Ier*, un *Louis XVIII* et un *Louis-Philippe,* on entre dans la période impériale. Déjà Gros avait exercé son pinceau fort habilement à l'exécution d'un *Portrait de Hoche* (S. XI), dont les colorations chaudes témoignent de sa belle plénitude de moyens, encore que nous ne soyons ici qu'en présence d'une simple esquisse. Le *Dufriche-Desgenettes* (S. XI), chirurgien de l'Empereur, développe plus largement encore ses qualités et l'on ne restera pas non plus indifférent devant le portrait du compositeur Méhul (1799) à lui dédié par l'auteur, son ami (S. XIV). Ce Desgenettes, pris à l'époque des guerres d'Italie, nous le retrouverons dans la magistrale composition des *Pestiférés de Jaffa.* Gros (1771-1835), élève de David, que Bonaparte sut attacher fidèlement à sa fortune, en le nommant inspecteur aux Revues, devait connaître l'âpre revirement de la célébrité. Bafoué sur ses vieux jours par la critique infédée au mouvement romantique, pour avoir suivi trop à la lettre les recommandations de son maître qui, du fond de son exil, le pressait de quitter les tableaux de circonstance, où il excellait, pour les beaux tableaux d'histoire, il ne put survivre à l'accueil fait à ses dernières œuvres, particulièrement *Hercule et Diomède;* il se jeta dans le petit bras de la Seine au bas de la colline de Meudon, le 26 juin 1835. Mais, lui disparu, il resta du moins son école, forte de plus de quatre cents élèves et dont les traditions coloristes ont encore influé sur quelques vieux peintres d'entre nos contemporains.

A cette époque enfin se rattachent, dans les galeries que nous parcourons, un Portrait de l'acteur *Talma* en *Néron,* par Riesener (S. XVI), celui d'*Auguste Constantin,* architecte, par Fragonard fils (S. XIII), le *Portrait de Monsigny* par Robert Lefèvre, ceux de *Cadoudal* (S. XIII) et de *Chaptal* (S. XIII), ministre de l'Intérieur sous le premier Empire.

L'ensemble, comme on voit, constitue une galerie des plus intéressantes à consulter tant au point de vue artistique qu'au titre documentaire.

L'évolution du genre pictural nous apparaît plus caractérisée encore lorsque nous abordons les scènes populaires dont les rues de Paris, en cette phase tourmentée, furent le théâtre, depuis les émeutes préludant à la prise de la Bastille jusqu'aux journées glorieuses de l'épopée impériale.

Le peintre Jean-Baptiste Lallemand (1710-1805) délaissant un moment ses gouaches favorites de paisibles coins de rues, s'est enfiévré à la vue des *Charges meurtrières des Dragons du Royal Allemand* (S. IX) commandés par le prince de Lambesc, refoulant sur l'ordre de Bezenval les paisibles promeneurs dans le jardin des Tuileries, le 12 juillet 1789. Toute une foule affolée se précipite, donnant à ce petit tableau un mouvement des plus saisissants. Deux jours après, c'est devant les *Invalides* (S. IX), qu'il observe de bon matin la multitude au moment où elle vient de s'emparer des armes et se dirige en hâte vers la Bastille. Et, la forteresse conquise, le peuple qui s'est rendu à l'Hôtel de Ville, massacre en chemin le gouverneur de Launay, ainsi que le major de Losme, digne cependant d'un meilleur sort, puisqu'il avait été sa vie durant la providence et le consolateur des prisonniers.

Sur la place de Grève, au coin du quai Pelletier, Flesselles, prévôt des marchands, qui avait, depuis la veille, amusé le peuple en lui promettant des munitions et des armes qui n'arrivaient jamais, paie de sa vie, lui aussi, sa duplicité. Cette pénible scène a tenté également le pinceau de Lallemand ; et ce tableau n'est pas des moins attrayants de sa série (S. IX).

Quant à la prise de la Bastille, on imagine aisément qu'elle fut le point de mire de tous ceux qui cherchèrent en retraçant cette épisode héroïque de l'histoire populaire à témoigner de leur civisme. C'est par centaine que les toiles se répandirent, et le sujet n'a pas été encore épuisé de nos jours puisqu'il a suscité des chefs-d'œuvre à maint artiste actuel, Roll notamment, dont la toile figure au Palais des Beaux-Arts de la ville de Paris.

Mais hormis un morceau d'un coloris assez vif de Charles Thévenin (1764-1838), retraçant l'arrestation de M. de Launay par des gardes et des citoyens, lequel tableau parut à un salon de 1793 et fut gravé à l'eau-forte par l'auteur ; hormis encore le même sujet traité par F. Oudin (S. XII), rien ne semble devoir être signalé. On peut cependant jeter un coup d'œil de curiosité sur un panneau du temps représentant la *démolition de la Bastille* (S. XII) dont les pierres, comme on sait, taillées par l'architecte Palloy, devaient servir à la fabrication de modèles réduits de la terrible forteresse, destinés au roi, aux ministres, et aux principales villes de France. Détail intéressant également, l'un des vainqueurs, le citoyen Cholat, marchand, rue des Noyers-Saint-Jacques, le même qui avait reconnu et arrêté Launay, s'amusa à reproduire, en un dessin aquarellé, la scène dont il fut témoin et qui figure ici parmi les collections exposées (S. XII).

Au salon de 1791 on vit également retracer l'épisode du *Transport d'un convoi d'armes enlevé à l'Arsenal,* et amené par les soins du citoyen Nau-Deville au district de Saint-Germain-l'Auxerrois. Cette peinture, sans grande valeur, est l'œuvre de Jean-François Bellier (1745-1836), peintre du cabinet de la reine (S. IX).

Dans ces tonalités qui dominaient en art avant 1789, se retrouvent aussi quelques scènes historiques traitées par Demachy, comme, par exemple, la *Fête de l'Unité* (S. IX) au cours de laquelle, le 10 août 1793, fut inaugurée la statue de la Liberté après qu'on eût anéanti les emblèmes de la monarchie.

C'est aussi la célèbre *Fête de l'Être suprême* (S. IX), donnée aux Tuileries le 8 juin 1794, dont la décoration avait été réglée par David et qui marqua l'apogée de la toute-puissance de Robespierre. C'est lui, en effet, qui, après avoir prononcé son discours et tenu le sceptre symbolique et floral de la souveraineté nationale, devait procéder à l'autodafé des emblèmes séditieux, et de là se rendre au Champ de Mars où la pompe excessive de cette manifestation lui donnait l'illusion de son autocratie dictatoriale, que six semaines suffirent à précipiter, lorsque, au surlendemain de cette cérémonie, eut été établi le Tribunal révolutionnaire.

Mais pour son dernier Salon, celui de 1802, le vieux peintre octogénaire voulut faire revivre une fois encore le divin paysage parisien, qui se développe, le matin, quand, du quai Malaquais, l'œil de l'observateur embrasse le Pont-Neuf et le paisible fleuve sur lequel glissent les barques, les péniches et les passeurs ; le soir, quand de ce même Pont-Neuf on revit le site merveilleux au fond duquel se découpe la silhouette du Pont-Royal et la ligne culminante des bâtiments du Louvre, dont le dôme du Pavillon de l'Horloge s'est muni d'un appareil télégraphique de Claude Chappe.

Le *Paris du Directoire* prend déjà sur la toile des tonalités plus chaudes, des colorations plus riches. Ces toiles de Depelchin représentant la berge des *Tuileries et le Pont-Royal* vers 1797 (S. IV) et *l'Intérieur de Notre-Dame sous le Di-*

rectoire (S. IV) sont autrement vivantes que le *Pont Notre-Dame* de Senave (S. II) ou les *Innocents* de P. Lafontaine (S. IV).

Swebach (1769-1823), élève de Duplessis, à qui les scènes de mœurs et les fêtes militaires de la Révolution aussi bien que les batailles de l'Empire avaient suggéré de si nombreux dessins propices à la gravure, au point d'en former la matière d'une encyclopédie pittoresque, composa quelques peintures d'un réel intérêt, grâce au talent qu'il apportait dans ses compositions et ses recherches de perspective. Spirituel, exact et gracieux jusque dans les plus petits sujets, l'auteur du *Passage du Danube* et de la *Bataille de Rivoli,* le lauréat de la grande médaille au salon de 1802 revit ici en peinture avec une simple petite toile agréable de couleur, la *Désaffectation d'une Eglise pendant la Révolution* (S. XI).

C'est enfin parmi les vieux maîtres de l'ancienne école, Hubert Robert, dont les séjours dans les prisons révolutionnaires, déjà mentionnés plus haut, nous valent quelques œuvres d'un réel intérêt documentaire, comme cette *Récréation des prisonniers de Saint-Lazare,* ainsi que les couloirs de cette même prison (S. XI).

Innombrables, à réellement parler, sont les artistes qui, par le pinceau, le crayon, le pastel, la plume ou le burin, sans parler du physionotrace de Chrétien et de Quénedey, se sont plus ou moins fait connaître, durant cette période tourmentée dont ils sentaient l'intérêt novateur, et qui semblait si propice à la renaissance, malheureusement arrêtée dans sa voie, de notre art national. Grâce à ces peintres précurseurs ou imitateurs de David, et qui, outre ceux déjà cités ici, avaient nom Lebarbier, Vincent, Leclerc, Hennequin, Gérard, le grand Prudhon, Caraffe, Regnault, cet émule de David, Laffitte, Lethière, Peyron, Wicar, Berteaux, Sablet, Mlle Gérard, Huet, Mme Vigée-Lebrun, Desrais, Ducreux, Levachez, Sergent, Debucourt, Sauvage, Bonneville, Mallet, Isabey, Boilly et nombre d'autres encore de moindre réputation, se constitue, comme à plaisir, l'iconographie de notre histoire révolutionnaire, que des graveurs par centaines allaient répandre jusque dans les plus humbles chaumières.

A l'allégorie d'un Prudhon symbolisant la *Vengeance du Peuple* ou le *Triomphe de la Révolution* (une esquisse nous remémore ce sujet, salle XI), mais s'accommodant fort bien sous l'Empire, quelques années plus tard, d'un sujet de *Décoration de l'Hôtel de Ville* (S. XIII), à la solennité poncive d'un *Serment du Jeu de Pau-*

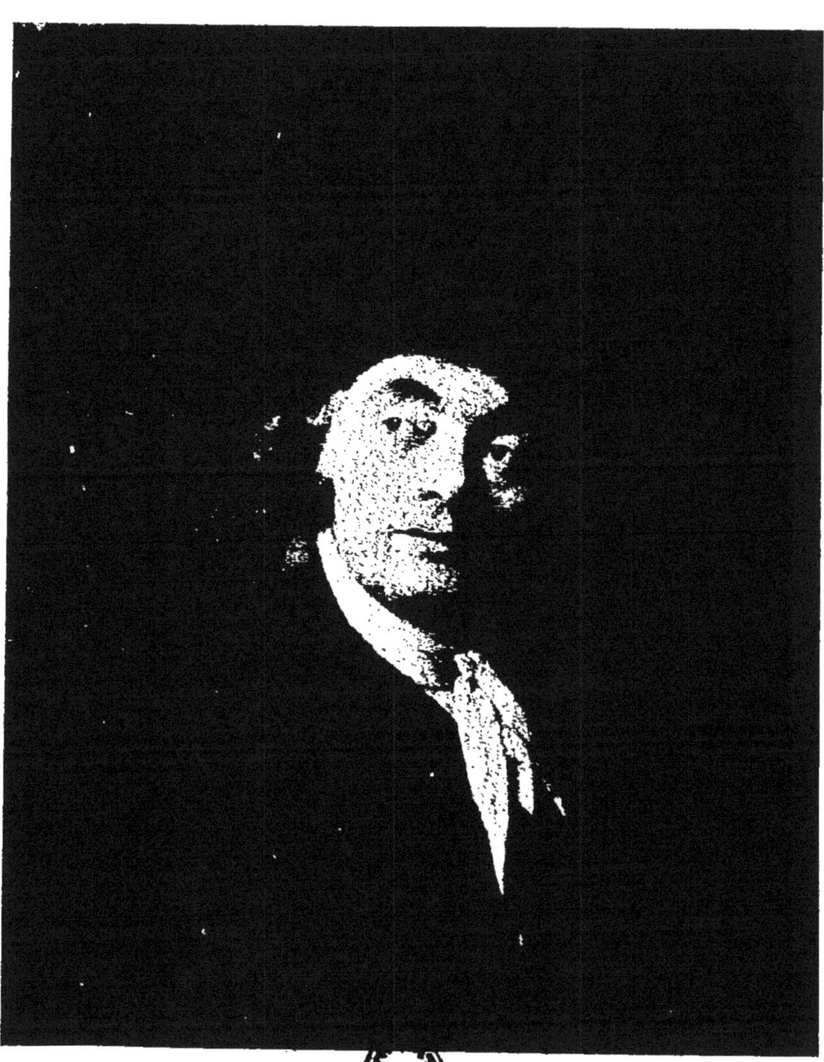

P. PRUDHON.

Portrait d'Inconnu.

me, dont l'esquisse inachevée de David suscite à Taunay, peut-être aussi à Rioult (S. IX), des copies en réduction, à la majesté d'une *Pompe funèbre de Marat* (Lagrenée fils avait donné dans ce genre en dessinant un peu lourdement d'ailleurs la *Translation des cendres de Voltaire* (S. XVI), cérémonial dont la décoration avait été réglée par l'atelier du grand maître, qui lui-même dessina le char funèbre), à toutes ces transpositions conventionnelles et inspirées de l'antique, s'oppose dans une note générale moins grandiose mais plus près de la vie et de la réalité, la manière de Debucourt et de Carle Vernet. Leur peinture est critiquée par les contemporains de ces artistes, comme ressemblant trop chez le premier à l'enluminure des porcelaines et chez le second comme une manière qui papillote et entasse confusément mille objets divers sans l'éclat de la couleur. Mais comment ne pas garder un admiratif souvenir des gouaches et des gravures en couleurs où Debucourt et Le Guay ont perpétué le souvenir des fêtes républicaines, comme en ces superbes, encore qu'inachevés *Préparatifs de la Fête de la Fédération au Champ de Mars,* (S. XI),et les mille sujets à l'encre de Chine ou au crayon noir, par lesquels Carle nous a donné le sens définitif de la conformation esthétique de la

8

race chevaline et nous a initié aux batailles d'Italie avec le même brio qu'aux fêtes muscadines, aux joutes d'élégance de la société du Directoire, du Consulat et de l'Empire.

Le genre familier trouva son meilleur interprète en Louis-Léopold Boilly (1768-1845). Sans la légère monotonie d'aspect qui se dégage de l'examen de la pluralité de ses œuvres, le ferblantier, comme l'appelaient ses confrères peintres d'histoire, serait peut-être, en même temps que le délicieux portraitiste admiré pour sa *Lucile Desmoulins* (S. XV), le plus intéressant des artistes du genre, à cause de sa délicatesse dans les attitudes, de sa discrétion dans les modes d'intimité, si souvent poussés à l'excès par les fouilleurs d'alcôves et les fougueux passionnés de cette époque déliquescente.

Le patriotisme inspira parfois ses sujets, comme le révèle cet excellent *Portrait* en pied de *l'acteur Chénard,* porte-drapeau de la liberté de la Savoie en 1789 (S. XIV), œuvre finement traitée, d'une manière et d'une matière pleines de valeurs, et qui, gravée en 1793 par Copia, l'artiste allemand familier de ce genre de reproduction, fut rééditée en 1815, dès la Restauration, sous cette rubrique : le *Porte-Drapeau de la Restauration ;* mais le talent de l'artiste éclate surtout dans cette belle composition : le *Départ des conscrits en* 1807 (S. XIV). Comme dans l'*Arrivée de la Diligence* qu'on voit au Musée du Louvre, et la *Distribution de Vivres* qui figure au Petit Palais, dans le Musée Dutuit, les personnages sont groupés avec un sens parfait du mouvement.

Les vieillards encadrent les conscrits auxquels la présence des jeunes femmes en toilettes claires et souples rend la séparation moins cruelle.

Ils savent qu'ils vont à la victoire et, sous l'égide des aigles impériales, ils emportent leur bâton de maréchal dans leur giberne et franchissent avec enthousiasme la Porte Saint-Denis pour porter aux quatre coins du Monde la renommée de gloire des braves de la Grande Armée.

A côté de cette toile importante se remarque une agréable peinture sur verre, également de Boilly et qui représente le *Passage du Pont Royal* (S. XIV) avec quelques types de costumes masculins et féminins à l'époque du Consulat. Et dans une galerie vestibule on a placé le dessin célèbre du *Départ des coucous* sur la place de la Concorde, qui devait servir de projet à un tableau du maître.

Afin de limiter le champ de nos appréciations sur ce peintre laborieux qui œuvra depuis l'enfance jusqu'à ses derniers jours, nous aurions borné ici l'examen de ses tableaux à Carnavalet, si d'heureuses circonstances ne nous avaient permis de mettre au jour quelques notes inédites rassemblées par l'un de ses fils, Julien-Léopold Boilly, peintre et lithographe, élève de son père et de Gros, d'après les documents laissés par le premier, résumés à l'intention du critique Dinaux, et transmis à M. Delsart, ami du fils Boilly, en septembre 1847.

Nous ne croyons pouvoir mieux faire, dans l'occurrence, que d'en reproduire les principaux passages qui constituent à notre avis le plus judicieux et le plus désintéressé des éloges que la piété filiale n'a point exagérés.

Julien Boilly transmettait, en effet, les dites notes à M. Delsart, par la lettre dont voici le texte :

« Monsieur,

« Voici les notes que j'ai copiées sur celles que mon père avait laissées. J'y ai joint quelques autres détails sur ses ouvrages. Les catalogues de musée, les critiques du temps pourront en fournir de plus précis et de plus nombreux. Quant à sa vie de famille, elle a été trop uniforme, et cela est fort heureux, pour offrir quelque intérêt au public. Très laborieux et toujours occupé chez lui, soit de son art, soit de chambres noires et d'optique, amusement sérieux auquel il consacra un très long temps, et où il avait trouvé des perfectionnements singuliers, c'était plutôt dehors, avec ses amis, qu'il donnait un libre cours à son humeur naturellement gaie, franche et spirituelle. Vous l'avez connu, Monsieur, et pouvez, sous ce rapport, consulter vos souvenirs et les communiquer à M. Dinaux. D'ailleurs, la vie d'un artiste est dans ses œuvres. Je présume que M. Dinaux en connaît une partie ; mais il sera bon, je crois, de faire la définition de ses deux *manières*.

« La seconde commence sous le Consulat. Ses compositions deviennent plus complexes ; les personnages plus nombreux ; il recherche davantage l'arrangement général d'une scène, et les figures ordinairement plus petites sont plutôt touchées avec esprit et promptitude que terminées et peintes avec le soin qu'il apporte aux tableaux de sa jeunesse. Ce sont ceux-là surtout qui lui assigneront une place distinguée parmi les peintres français. Sa touche facile et précise en même temps brille surtout dans les étoffes de soie et de velours que l'on portait beaucoup alors. C'est moins fini que Terburg, c'est aussi vrai.

« Nul peintre d'ailleurs n'a mieux entendu

l'effet, l'unité de lumière qui doit éclairer un tableau. Malheureusement ces tableaux sont rares ; beaucoup sont passés en Russie. Mais j'oublie que M. Dinaux ne demande que des notes et je me laisse aller à une appréciation qu'il fera bien mieux que moi. Je vous prie donc, Monsieur, de vouloir bien lui faire passer le papier que je n'ai pu vous envoyer plus tôt, n'ayant que depuis deux jours les notes manuscrites de mon père, et vous prie, ainsi que lui, d'agréer tous mes remerciements et l'assurance de toute ma considération.

« Votre humble serviteur,

9 septembre 1847. JULES BOILLY. »

Le 15 septembre ces notes parvenaient à leur destinataire, qui pouvait en effet y trouver la matière d'une excellente page monographique, et qui nous paraissent précieuses à remettre au jour, tant à cause de leur sincérité que des quelques indications inédites qu'elles peuvent apporter sur la vie de Boilly. En voici la substance :

« Né à la Bassée près de Lille, le 5 juillet 1761. Son père, Arnould Boilly, sculpteur sur bois, lui donna les neuf premières leçons de dessin. Ce fut son seul maître.

« A neuf ans, il lui fut défendu par son père

de dessiner, parce qu'il en savait assez pour être peintre en bâtiment, ce qui devait lui être, à son père, d'un meilleur rapport. Le jeune Boilly pour concilier l'obéissance avec son goût, travaillait le jour à barbouiller des portes et des fenêtres, et la nuit s'occupait à dessiner. Son père le surprit une fois le gronda fort d'altérer ainsi sa santé, et voyant ses progrès et cette vocation bien décidée, lui permit de reprendre ses crayons et sa palette, sans pour cela négliger le badigeon ».

Suivent quelques souvenirs relatifs à l'exécution du premier tableau exécuté à onze ans et demi par l'enfant, pour la Confrérie de saint Roch, à la Bassée, et qui représentait *saint Roch guérissant les pestiférés,* puis du second, représentant l'*Enterrement,* fonction attachée à cette confrérie.

« Tous les personnages sont autant de portraits, tous forts ressemblants. Car il possédait déjà cette aptitude qu'il a depuis prouvée par plus de cinq mille portraits.

« Ces portraits qui lui ont fait une réputation spéciale, sans compter ceux en pied ou de grandeur naturelle, étaient exécutés en deux heures à peu près. Après ce second tableau, le jeune Boilly fut obligé de se remettre au barbouillage, ce qui lui déplut tant qu'il prit le parti de quitter son père. »

C'est alors le séjour à Douai, puis à Arras, où il était demandé pour y faire des portraits, et qu'après cinq années de séjour, il quitta non sans tristesse, s'y étant épris d'une jeune personne qu'il épousa par la suite. Il vint alors à Paris sur les instances de son ami Lecrosnier, décorateur de talent, qui était venu peindre à Arras les décorations du théâtre récemment bâti.

A trente-six ans, Boilly devint veuf. Il avait alors trois enfants. Sa seconde femme lui en donna cinq autres, dont deux, des filles, moururent en bas âge. Il survécut à ceux du premier lit et à ses filles. Quant aux autres, ils devinrent notamment : l'un, chef de bataillon d'artillerie; l'autre, peintre; le troisième, compositeur de musique et grand prix de Rome et le quatrième, graveur.

A ces notes se rattache aussi un fait anecdotique susceptible d'éclairer l'opinion sur l'attitude de l'artiste pendant la Révolution :

« Je regrette bien, note son fils, qu'il n'ait rien écrit sur son séjour à Paris durant cette époque; tout ce que je me rappelle lui avoir entendu dire, c'est qu'il était regardé comme suspect et qu'on l'avait signalé comme *corrupteur des mœurs*, à cause des sujets quelquefois un peu galants qu'il avait traités, et dont on voit partout des gravures, telles que la *Comparaison des petits pieds*, la *Loterie*, etc... Il faut avouer que ces messieurs étaient bien scrupuleux. Je n'aurais point parlé de cette accusation, si elle n'expliquait le motif qui lui fit entreprendre l'étude que je possède et qui est une de ses plus belles œuvres. Elle représente le *Triomphe de Marat*, lorsqu'il fut porté par le peuple après son acquittement. Comme on pourrait plus tard se méprendre sur ses opinions politiques d'alors, il est bon que l'on sache que ce tableau fut entrepris par terreur, et non par goût ; un ami de mon père le prévint que sa réputation d'aristocrate lui devait attirer une visite domiciliaire dont il avait tout à craindre. Mon père, jugeant inutile de lutter contre le Comité de Salut public, et voulant sauver sa vie et sa famille, exécute en très peu de jours cette composition. La visite eut lieu et son civisme fut reconnu. Quand le danger fut passé, mon père ne se sentit pas le courage de continuer ; l'art y a perdu, car ce serait un tableau superbe s'il avait été achevé. »

Voici la liste de ses principaux tableaux, depuis la Révolution. Ceux qu'il fit avant ont presque tous été gravés au pointillé par Tresca, Wolff, etc... Mais ceux dont la désignation suit sont moins connus parce qu'ils ont passé dans les collections sans être reproduits par la gravure. Ce sont : les *Réjouissances publiques aux Champs-Elysées ;* le *Départ des Conscrits en* 1807 (passé en Angleterre) (1) ; l'*Atelier d'Isabey ;* ce tableau qui fut vendu à M. Séguin, est encore aujourd'hui dans sa famille. Il représente la réunion de tous les artistes les plus célèbres de ce temps, soit peintres, soit sculpteurs, architectes, etc. ; l'*Entrée du Jardin Turc ;* l'*Arrivée d'une diligence* (acquis par le Musée royal, où il est exposé) ; l'*Entrée d'un spectacle gratis* (vendu au duc de Berry) ; le *Carnaval* (acheté par la liste civile, en 1833), *Scène des Boulevards ;* l'*Atelier de Houdon* (2) ; *Scène de voleurs,* etc...

« Boilly n'a jamais gravé à l'eau-forte, mais il a fait une foule de lithographies. Après son décès, beaucoup d'études et de dessins ont été vendus aux enchères publiques et vivement recherchés.

« Voilà ce que je puis donner de plus certain sur mon père. Je laisse à d'autres les appréciations de son caractère et de son talent ; les re-

(1) Mais rentré en France puisqu'il figure maintenant dans les galeries de Carnavalet, à la suite d'une acquisition faite en 1888, au prix de 12 000 francs.

(2) Le statuaire exécute le buste de Laplace. Le tableau figure maintenant au Musée des Arts décoratifs.

grets qu'il a laissés à sa famille, à ses amis comme homme aimable et bon, ceux qu'il a laissés aux amateurs des arts, comme habile, original et spirituel artiste, indiqueront assez la manière dont il est tant parlé. Le talent de M. Arthur Dinaux nous est garant que pleine *justice* lui sera rendue.

« P. S. — Il était, comme les vrais artistes, amateur et connaisseur en peinture, et posséda longtemps une collection peu nombreuse, mais exquise, de tableaux flamands. Sa vue, quoique affaiblie, lui a permis de peindre jusqu'à la fin de sa vie. Il n'a cessé de tenir le pinceau pendant soixante-douze ans. »

Ces notes qui durent servir à M. Dinaux pour son ouvrage sur Boilly, publié vers la même époque à Douai, semblent avoir inspiré la plupart des biographes de ce peintre. La notice que lui consacre Villot dans son catalogue de l'Ecole française au Louvre, en 1855, en est une preuve; et pour de plus amples détails sur son œuvre, on consultera avec fruit l'ouvrage de M. Haripe, le plus récent et le plus complet qui lui ait été consacré.

Peu fourni d'œuvres relevant de l'époque impériale, hormis tels portraits de Gros ou de Heinsius signalés plus haut, le Musée ne nous offre, de ce temps peu propice d'ailleurs au développement de l'art hors commande, et véritablement parisien, qu'une toile de J.-B. Cazin (1760-1820), esquisse d'un grand tableau figurant le *Théâtre élevé sur la place de la Concorde*, le 18 brumaire an X (S. XI), une *Visite de l'Empereur à l'Entrepôt des Vins,* le 9 février 1811, par Etienne Bouhot (S. VI) (1780-1862) ; une *Réception des drapeaux de la Garde impériale* par le cardinal du Belloy, archevêque de Paris, en 1805 (S. XIII), ébauche de tenue lourde et conventionnelle, assez contestablement attribuée au baron Gros, et qui, si elle se ressent de l'influence évidente de l'Ecole de David, ne laisse apparaître que de très loin les qualités propres à ces deux maîtres. On citera encore *Un intérieur sous le Premier Empire* (S. VI), d'où la vue découvre le portail de Saint-Eustache, toile attribuée à l'Alsacien Martin Drolling (1752-1827); et une petite *Vue des Boulevards,* aux environs des portes Saint-Denis et Saint-Martin (S. VI), œuvre non signée.

Ce n'est pas assez pour nous donner le sentiment exact de l'évolution de la peinture pendant cette période pourtant si décisive, puisqu'elle marque nettement l'ère de transition qui distingua les classiques renouvelés par David et ses élèves, et les fervents du paysage historique, des naturistes du plein air que l'école anglaise allait animer d'une vie nouvelle, remplie d'intensité coloriste, et des austères sévérités d'Ingres, lequel, des leçons de David, ne voulut retenir que le culte de la pureté du dessin.

Mais nous retrouverons quelques-uns de ces nouveaux maîtres en parcourant les galeries de la Restauration qui ne sont pas, en art documentaire, les moins fécondes d'entre les collections de Carnavalet.

IX

PAYSAGES DE PARIS ET D'ALENTOUR (RESTAURATION ET SECOND EMPIRE)

Avec le XIXe siècle, le paysage, dans la peinture française, réalise une série d'évolutions les plus curieusement intéressantes.

Nous le voyons en effet, depuis les formes maniérées ou conventionnelles inspirées sous l'influence du séjour de Rome, à des peintres comme Boissieu, Hubert Robert et Fragonard, devenir successivement : paysage historique avec Valenciennes, Bertin, Michallon, Flandrin, Desgoffe, Taunay et Le Prince, notamment ; et, dans le même temps ou à peu près, paysage romantique, plus hanté par le sentiment de la nature et de la couleur, avec toute une école qui déjà en Watelet (1718-1786), graveur, poète et peintre tout à la fois, avait trouvé un précurseur. Ce paysage-là nous révèlera plus d'originalité, d'air, d'espace et de lumière. Ce n'est plus par l'intermédiaire d'une tradition étique et rebattue que surgira la vision. Telle que leur apparaît la nature, les artistes de ce groupe tenteront de l'exprimer. On assiste à l'éclosion, ou plutôt au retour de ce « plein air » dont on a prononcé le mot, pour la première fois, dans l'atelier de David, mais que déjà l'on pouvait pressentir chez Claude Lorrain, ce maître sublime du style poétique, adversaire involontaire du sens héroïque du Poussin. Alors apparaît la belle pléiade où brillèrent Th. Rousseau, Dupré, Diaz, Cogniet, Fleury, Troyon, Hostein, Daubigny et leurs élèves, tandis que l'influence orientale opérait sur d'autres disciples, ensoleillant les toiles de Decamps, Fromentin, Dauzats, Karl Girardet, etc...

Mais voici surgir Corot (1796-1875), lequel se libérant de l'emprise tutélaire de ses initiateurs successifs, Michallon, puis Bertin et Léopold Robert, réagit contre leurs tendances et ouvre un nouvel horizon large et pur à la poésie de la nature. On sait combien fut tardif son succès, puisqu'il était déjà vieux d'un demi-siècle lorsqu'il reçut sa première médaille. Mais il avait à lutter et contre la poncivité classique et contre cette banalité du goût qui s'était ancrée dans l'esprit de son temps.

Jusqu'à lui on ne comprenait pas la possibilité de rendre les crépuscules vaporeux et la rosée du matin, la transparence des eaux ni la sérénité aérée des ciels.

Et l'on s'effarait de ce je ne sais quoi dont, cependant, sous d'autres aspects, l'école anglaise déjà si remarquée par la finesse de touche de ses portraits, s'inspirait dans les paysages et les aspects de Constable, Collins, Gilkin, Glover, et du merveilleux peintre du parc de Versailles, Bonington (1801-1828), plus directement inspiré de notre art, puisque c'est en France qu'il passa la plus grande partie de sa vie.

De celui-ci, les coloris d'une blondeur vivace et savoureuse évoquent parfois la manière de Canaletto. Et l'on croit retrouver sur ses toiles un peu de la mélancolie vague qui dut hanter sa jeune existence trop tôt brisée.

Au-dessus de ces maîtres anglais, et plus près de nous, domine Turner (1775-1851) dont les débuts pénibles et modestes, depuis l'atelier d'imprimerie en couleur et le bureau d'architecte où son père, artisan coiffeur, le plaça dès sa jeunesse, rappellent par plus d'un point les heures difficiles de Corot. Mais son étoile, évidemment plus propice, le désigna de bonne heure à la célébrité car il était déjà réputé comme aquarelliste, lorsqu'il se voulut consacrer uniquement à ces paysages dont la singularité le dispute à la puissance des effets. Comme le peintre de Fontainebleau, il scrutait et rendait fidèlement la nature; sans vouloir imiter personne, il demeurait original !

Aussi bien cette originalité accuse-t-elle une certaine ascendance de parenté avec l'impressionnisme dont Monet et Sisley ouvrent les véritables voies, et dont l'école des Batignolles, Manet, Renoir, Raffaëlli, Émile Guillier et quelques autres maîtres contemporains ont fixé une phase d'évolution.

Mais, de même que le colorisme fougueux et pimpant de notre Albert Besnard l'apparente à Frago, au même titre que Willette s'affilie à Watteau, de même peut-on aisément retrouver, dans telle d'entre les trois manières de Corot, la source d'inspiration bienfaisante de nos paysagistes sincères. Il ne s'agit pas ici de ceux qui, avec ou sans l'aide d'une épreuve photographique, rendent servilement le paysage entrevu à travers un carreau de fenêtre plus ou moins teinté, mais de ceux-là dont le cœur accentue les émotions d'art en présence d'un site grandiose ou d'une chute vespérale de l'astre rouge qui meurt à l'horizon.

Corot eut, comme on sait, plusieurs modes d'expression, se graduant par ascendance vers la perfection.

En dehors des portraits qui ajoutent à sa gloire par leur saveur originale, il avait en effet passé du dessin d'architecture à l'étude du paysage, et lorsqu'il eut perdu son camarade Michallon, enlevé à vingt-six ans, et son premier initiateur à l'art véritable, c'est au paysage historique de l'école de Bertin qu'il s'efforça d'ouvrir quelques voies inconnues. Le séjour d'Italie lui suscita une manière ferme mais un peu glacée, où la maîtrise se perçoit déjà, comme en la *Campagne de Rome*, et la *Vue du Colisée*, mais atténuée aux yeux des critiques, en raison même des jeunes audaces plus marquées de l'école anglaise.

Il n'est que de durer pour s'imposer. A l'envie succédèrent le respect et l'admiration. Déjà Musset, Jal et Gustave Planche lui-même, commentent favorablement le jeune artiste, non sans lui ménager cependant quelques semonces. Charles Baudelaire aussi, qui dans ses *Curiosités esthétiques* dénote une évidente prédilection pour l'œuvre de Théodore Rousseau, en affirmant qu'il remplit les conditions du beau dans le paysage, par la mélancolie de sa peinture et ses ciels incomparables, évoquant Rembrandt, Rubens et l'École anglaise, avec, dominant tout cela, un amour profond et sérieux de la nature, une sorte de naturalisme entraîné vers l'idéal, Charles Baudelaire, disons-nous, place Corot à la tête de l'Ecole moderne du paysage.

« Si, écrit-il, M. Théodore Rousseau voulait exposer, la suprématie serait douteuse, Rousseau unissant à une naïveté, à une originalité au moins égale, un plus grand charme et une plus grande sûreté d'exécution.

« En effet, ce sont la naiveté et l'originalité qui constituent le mérite de M. Corot. Évidemment cet artiste aime sincèrement la nature, et sait la regarder avec autant d'intelligence que d'amour. Les qualités par lesquelles il brille sont tellement fortes, parce qu'elles sont des qualités d'âme et de fond, que l'influence de M. Corot est actuellement visible sur toutes les œuvres des jeunes paysagistes, surtout de quelques-uns qui avaient le bon esprit de l'imiter et de tirer parti de sa manière avant qu'il fût célèbre et que sa réputation ne dépassât le monde des artistes. »

Évidemment, c'est de la nouvelle manière du peintre que Baudelaire entendait parler, celle qui s'attache à rendre l'impression du moment, sans tenir compte de l'étude des détails. Ainsi des nombreux matins de rosée et du calme vespéral entrevus à travers les paysages de Ville-d'Avray. C'est par là qu'il s'apparente au véritable impressionnisme, si diversement traduit de nos jours, par les adeptes du genre, et particulièrement à Claude Monet, qui recherchait volontiers les effets de lumière produits sur un même paysage aux différentes heures du jour.

Mais on s'explique bien dès lors le trouble jeté par cette sorte de vision, parmi les convictions classiques établies jusqu'alors. Et si l'on songe que se souvenant d'anciennes affinités qu'il tenait sans doute de Bertin, Corot aimait à disposer quelques nudités parmi ses paysages, il est facile de concevoir le déchaînement d'imprécations que devaient susciter ses toiles aux différents salons, à ce même public qui se pâmait devant les représentants du paysage historique et du genre particulièrement cher aux disciples d'Ingres.

A titre documentaire, ne se remarque de Corot dans les collections artistiques exposées dont nous nous occupons ici, qu'une petite étude sur *Le Donjon de Vincennes*, datée de 1840, et qui n'est pas dépourvue de poésie (S. VI) dans son austérité. Si ce n'est pas être trop indiscret toutefois, puisqu'elle apparaîtra sans doute dans une des salles qui seront bientôt aménagées, signalons aussi une *Vue du Palais des Thermes*, prise de la rue de la Harpe vers 1833, et attribuée également au maître, parce qu'elle représente en effet divers signes de sa première manière apparentée à l'architecture et au paysage historique.

Le paysage historique est plus amplement représenté avec cette superbe *Vue du Château de Saint-Cloud* (S. V.) de Constant Troyon (1810-1865) prise de la Lanterne de Diogène, en 1838, et qui figura au salon de la même année. Cette œuvre, donnée au Musée par M. E. Charvet en 1904, offre un double intérêt : celui qui s'attache à sa valeur propre et celui d'un précieux document survivant à l'objet même qui l'inspira.

Une des faces du château se détache du fond d'un bouquet d'arbres dont la double rangée se prolonge jusqu'au premier plan des deux côtés du tableau.

Ces frondaisons aux tons embués mettent en relief la vieille demeure pour laquelle l'empereur Napoléon affectait quelque prédilection, peut-être en souvenir du 18 brumaire, puisque c'est à l'Orangerie de Saint-Cloud que s'effectua le Coup d'Etat.

Il a bien encore là un peu de cet artifice dont

furent coutumiers les maîtres du paysage historique ; mais l'ensemble présente un attrait suffisamment imposant pour séduire encore les plus réfractaires à ce genre de conception artiste de la nature.

Troyon qui ne semble pas jouir des bonnes grâces de Baudelaire, est à ses yeux le plus bel exemple de l'habileté sans âme, ce qui justifierait la grande popularité dont il jouissait. On ne saurait cependant, en toute équité, lui contester le sentiment, la sincérité et la richesse de tons accusés par le paysage précité.

La famille des Daubigny revit ici par l'œuvre d'un de ses aînés, Edme Daubigny (1789-1843), lequel, enfant de Paris, apprit, comme Corot, à l'école de Bertin, à dégager le pittoresque de la sévérité conventionnelle et froide des paysages. *La Fontaine des Innocents*, 1822 (S. VI), apparaît comme un document non dépourvu d'intérêt.

Du genre historique émergent la plupart des descripteurs de coins parisiens. Ce sont, notamment : Champin (Jean-Jacques) (1796-1860), peintre et lithographe, qui, élève de Storelli et de Régnier, s'est fait connaître par plusieurs suites intéressantes, telles que les habitations de personnages célèbres, qu'il composa en collaboration avec Régnier. Les deux petits paysages proprement dits qui se voient dans les salles de topographie, une *Vue de Paris, prise des hauteurs de Charonne,* et une *Vue de la Seine au Pont des Arts* (Entre S. V et VI), datent du temps de Louis-Philippe, et s'ils ne montrent que superficiellement les finesses de composition que nous révèleront plus loin ses tableaux commémoratifs des journées de 1848, ils suffisent à mettre en valeur la science des proportions qu'il savait observer dans le plus minime espace de toile.

Jacques-Auguste Régnier figure lui-même avec plusieurs vues de Paris, l'une montrant le *Pont et la Pompe Notre-Dame,* envisagés de dessous la voûte du quai de Gesvres, l'autre, cette même *Voûte du quai de Gesvres* (S. VI), une autre enfin, le *Cimetière Sainte-Marguerite,* avec la tombe d'où, sur l'ordre de la famille royale, on tenta en 1816 d'exhumer, pour la galerie, les restes d'ailleurs disparus, du jeune enfant que l'on y avait enterré en 1795, sous les apparences du Dauphin (Louis XVII).

Ce sujet des voûtes et des *Cagnards de l'Hôtel-Dieu* (S. VI), dont l'inutile destruction fut si coûteuse, inspire fréquemment les artistes de l'époque.

D'autres, il est vrai, dans ce groupe imposant des paysagistes historiques, seront attirés par les Barrières de Paris, comme, par exemple, Xavier Leprince qui, enlevé brusquement à l'âge de vingt-sept ans, en 1826, promettait de devenir un réel artiste, à en juger par sa *Barrière du Trône sous la Restauration* (S. VI).

Ces barrières, parfois si pittoresques et si variées d'aspect, témoins la plupart disparus de la féconde originalité de l'architecte Ledoux, figurant tantôt quelque château de plaisance, comme celles du Roule et de Clichy, tantôt un Palladio ou un temple, comme celles de Belleville ou de Reuilly, avaient aussi tenté le pinceau de Swebach (1769-1823), ce bon élève de Duplessis, qui se délassait de ses épisodes des batailles de l'Empire, par quelque toile de tout repos, comme cette *Barrière de la Villette en* 1823 (S. VI) dont la tourelle, préservée jusqu'à nos jours contre l'envahissement de la maçonnerie moderne, vient d'être classée, ainsi que les rares propylées encore subsistants, de Monceaux, de Montparnasse, etc., au nombre des monuments historiques confiés à la vigilance protectrice de l'Etat ; n'oublions pas non plus qu'Horace Vernet avait mis en belle place la barrière de Clichy dans son tabeau célèbre de la *Défense de Paris*.

Sous la Restauration d'ailleurs, les petits maîtres abondent, que séduit un aspect de rue grouillante ou déserte, une vieille maison de style, une promenade ombreuse ou une place monumentale.

C'est, entre autres, l'Italien Joseph Canella (1788-1847) qui, durant un séjour de sept ou huit années à Paris, s'est appliqué à donner, en des cadres de petites dimensions, des impressions assez vivantes, et qu'on dirait presque miniaturées.

Ainsi des *Boulevards et du Théâtre de l'Ambigu en* 1830 (S. VI), *des Halles, en* 1826, *et en* 1828 (*id.*), de *l'Hôtel de Ville et place de Grève en* 1828 (S. VI), du *Pont Neuf et Quai Conti en* 1832 (*id.*), et du *Théâtre des Variétés en* 1820 (S. XVI), lequel, voisin du Passage des Panoramas, n'a pas, quant à sa façade, subi de changement appréciable d'aspect.

Un peu plus largement se déploie la *Place de la Concorde en* 1829 (S. VI). Une certaine vogue accueillit ces paysages parisiens dont quelques-uns figurèrent dans la galerie de Louis-Philippe après avoir été exposés au salon de 1827.

A ce genre se peuvent rattacher aussi quelques œuvres et fixés de Langlacé (Jean-Baptiste-Gabriel), (1786-1864) qui évoquent un peu la ressemblance avec des peintures sur porcelaine, comme ce *Mont Valérien et ses environs*, près de

Meudon, vers 1825 (S. VI), au temps précisément où l'auteur travaillait pour la manufacture de Sèvres, et encore : la *Plaine Saint-Denis près des hauteurs de Montmartre*. On sait qu'il composa nombre de ces petits sujets empruntés aux sites de Saint-Cloud, de Sèvres et même de Pierrefonds.

Lebelle (J.-B.), élève de David, et qui exposa de 1801 à 1827, excellait lui aussi dans ce genre, qu'il traitait de préférence à l'aquarelle et à la gouache habilement fixée sur l'émail. Ainsi de sa *Vue des Tuileries en* 1818 (R.) et de divers petits tableautins du Châtelet, du Père Lachaise et des grands boulevards sous le Premier Empire (S. VI).

Mais entre les divers sujets relevant de la forme paysagiste, l'un des plus séduisants est à coup sûr le *Boulevard Poissonnière en* 1834 (S. VI), œuvre d'Isidore Dagnan, peintre marseillais, de qui l'on connaît diverses vues de Paris et de Fontainebleau. C'est un effet du matin, qui évoque cette voie, aujourd'hui si différente d'aspect, au temps où elle ressemblait encore à quelque imposant faubourg de province.

Une grande poésie s'en dégage, et l'on se donne encore volontiers l'illusion d'une telle perspective d'arbres à la feuillure touffue, lorsqu'aux approches de l'été, à l'entrée du boulevard Saint-Michel on aperçoit dans toute sa longueur la double rangée d'arbres qui masquant à la vue les façades des maisons, semblent pour ainsi dire tracer comme une entrée en forêt, jusqu'aux abords du Luxembourg. C'est l'œuvre d'un véritable maître auquel la postérité doit une mise en évidence plus digne de son talent.

Charles Mozin (1806-1862) est un élève de Leprince, que hantent préférablement les berges et les bords de Seine. On appréciera de lui une substantielle et agréable *Vue du Quai Saint-Paul et du Pont Marie, en* 1825 (S. VI). Volontiers on s'arrêtera également à scruter les détails de cet intérieur de la *Maison du Tonnelier* (S. VI) qui, édifiée à Moret au XVIe siècle, fut ramenée pierre par pierre à Paris en 1828, et reconstruite au Cours-la-Reine, où elle est encore. Cette œuvre, offerte en 1905 par M. Maciet, est du peintre Charles-Caius Renoux (1795-1846).

Durant cette même époque, Montmartre et ses hauteurs, si riches de souvenirs séculaires, commencent déjà d'opérer leur prestigieux magnétisme sur l'œil des peintres parisiens. Voici Glon-Villeneuve (1803-1845), élève de Watelet, qui en traduit un aspect (S. V), puis Georges Michel, élève de Taunay et Leduc, qui, natif de Paris, sait mettre en opposition l'atmosphère lumineuse de la *Butte* et *de la Plaine Saint-Denis* avec la tristesse intime des lointains embrumés (S. VI). Plus vivant, Viard, qui excelle dans les notations populaires, accuse le mouvement de *la Place Bréda* en 1833.

Le bon papa Jadin (Louis Godefroy, 1805-1882) qu'il nous souvient avoir vu dans notre prime jeunesse, parisien lui aussi, instruit à l'école de Hersent et de Pujol, délaisse parfois ses chers animaux préférés pour un *Coin de Saint-Pierre de Montmartre en* 1840 (S. VI), voire pour la *Pompe Notre-Dame* (1830), ou *l'ancien Pont Saint-Charles* (S. VI). Enfin, le *Moulin de la Galette* trouve, vers 1865, un motif d'aimable pochade, sous le pinceau du maître Alexis Vollon (S. VI). Déjà d'ailleurs, un disciple de Bertin et de Cicéri, Augustin Enfantin (1793-1827) avait donné un aspect de la vieille *Eglise Saint-Pierre,* l'un des plus anciens vestiges, comme on sait, de notre architecture parisienne, puisque construite en 1147 pour servir de chapelle aux Bénédictines, sur l'emplacement de l'ancienne chapelle des Martyrs, de par l'ordre d'Alix de Savoie, veuve du roi Louis le Gros, laquelle avait épousé en secondes noces le connétable Mathieu de Montmorency.

On peut encore voir aujourd'hui, parmi les restaurations successives, la voûte à croisées ogivales de cette chapelle.

Le peintre Edme-François Riçois (1795-1881), paysagiste élevé dans les principes de Bertin et de Girodet, et dont quelques œuvres décoratives ont orné la cathédrale de Chartres, le Palais de Versailles et le Mont Saint-Michel, n'est pas resté indifférent aux sites parisiens ; on note volontiers ses études sur le cours de la Seine, aux abords du quai Voltaire, du Pont de la Concorde, et l'on peut voir ici de lui une *Vue de Paris* prise de la Glacière, et datée de 1829 (S. VI), laquelle révèle quelque souci d'exactitude.

Citons encore, de Ciceri, une esquisse de paysage, peinte sur une porte de l'ancienne prison *de Clichy* (S. XXIV) ; de François Dubois (1790-1868), un assez curieux effet de foule regardant l'*Erection de l'Obélisque de Louqsor*, le 11 octobre 1836, tableau qui figura au salon de l'année suivante (S. V) ; de D. Ferri, une *Vue composite de Paris*, datée de la même année, et un *Effet de nuit sur le boulevard des Italiens ;* de Hervier, artiste particulièrement original, une *Vue de Saint-Nicolas-des-Champs ;* les *Ruines de l'ancienne chapelle du Doyenné*, autrefois église Saint-Thomas-du-Louvre, par mademoiselle Lina Jaunez (S. IV), peinture qui évoque tout un coin disparu pour faire place au Carrousel actuel, coin formé des vieilles rues Saint-Thomas et du Doyenné, où quelques Jeunes-France de l'art et de la littérature, hantés peut-être à leur insu par le souvenir de l'Hôtel de Rambouillet et de la Guirlande de Julie d'Angennes, la célèbre marquise, venaient fréquemment disserter autour des tables d'un cabaret de l'impasse du Doyenné. Corot, Rousseau, Nanteuil (Célestin) en avaient décoré les murailles, si l'on en croit l'étude de Théophile Gautier sur Marilhat, et le chapitre que, dans la *Bohême galante,* leur consacra Gérard de Nerval associant à ce souvenir aimable les noms de quelques débutants d'alors, Arsène Houssaye, Ourliac et l'auteur du *Capitaine Fracasse.* Telles de ces toiles on le voit, dont les qualités de pâte ou de dessin seraient peut-être discutables, apportent à tout le moins une contribution rétrospective intéressante.

C'est aussi le cas des *Théâtres du Boulevard du Temple, en* 1860, de Martial Potémont (S. XVI), tableau qui ressuscite l'aspect de ces parages jadis si fréquentés du monde des spectacles, au long du Boulevard du Crime et que fit disparaître le percement du boulevard Voltaire actuel.

Là successivement s'étagent le Théâtre Lyrique de Dumas père, le Café de l'Epi-scié, le Cirque de Franconi, les Folies-Dramatiques, la Gaité ou les succès allaient de plus fort en plus fort, ainsi que le mot en est resté, comme chez Nicolet, les *Funambules* et Lazari, jadis théâtre des Associés. C'est sur la porte de l'ancien théâtre des Délassements que paradaient *Bobèche et Galimafré, vers* 1820 — et c'est le peintre Jean Roller (1798-1866) qui nous conserva le souvenir de cette amusante vision (S. XVI. Esc.) dont nous reparlerons.

Voici encore des vues de la façade de *l'Hôtel de Cluny,* par Poirot (S. VI), du *Quai des Orfèvres,* et de l'ancienne annexe de la Préfecture de Police, démolie en 1875, par Thiollet (S. V); une *Vue composite d'une Exposition universelle* (Esc. du Siège).

Parmi les anonymes enfin, d'intéressantes visions de *Saint-Germain-l'Auxerrois en* 1830, du *Marché Saint-Martin en* 1840, et de la *Rue Pirouette,* petite toile plus récente et d'un surprenant effet de couleur (S. VI); enfin, la *Porte des Bonshommes* à Passy (S. VI).

Tout cela, on le voit, offre un assez vaste champ d'études et d'observations à l'amateur érudit et indulgent.

Des traditionnistes fidèles à l'art classique, aux leçons de David, Guérin, Girodet ou Regnault, voire de Doyen, se sont parfois aussi essayés à transposer leur sévère formule sur les coins de Paris, témoin Etienne Bouhot, (1780-1862), élève de Prévost, et qui, natif de Bard (Côte-d'Or), mourut à Semur conservateur du Musée de cette ville, après y avoir été directeur de l'Ecole de Dessin. La carrière de cet artiste est marquée par une grande quantité de scènes historiques et d'aspects parisiens, comme les Tuileries, le Châtelet, la Place des Innocents, la Fontaine Saint-Victor, les Jardins de Beaumarchais près la Bastille. Deux vues de ce genre, et non des moindres, figurent dans les galeries du musée : *La Cour de Sainte-Barbe* (S. V.), qui fut exposée au salon de 1824, et l'*Ancienne Fontaine du Château d'Eau* (S. V).

Une toile de dimensions imposantes, d'Etienne Bouhot, la *Chapelle de la Vierge à l'église Saint-Sulpice* (Rés.) mérite d'être signalée. On remarquera, conçus dans le même esprit esthétique, divers morceaux tels que : la *Descente de la Courtille* au lendemain du Carnaval de 1823, par Artus Despagne, un élève de Girodet qui exposa au salon de 1824 à 1835 ; une *Vue de Montmorency* par Hyacinthe Dunouy (1757-1843), élève de

Brioud, et l'un de ceux qui prirent part, en 1781, aux expositions de la jeunesse sur la place Dauphine.

Le Musée d'Amiens possède de lui une *Vue du Palais de Saint-Cloud* qu'il n'est peut-être pas sans intérêt de comparer avec celle de Troyon.

On voit encore une *Place de la Concorde*, vue prise de la terrasse des Tuileries, en 1846, par J.-Ch. Geslin (Salon de 1847) : une *Vue des Cagnards de l'Hôtel-Dieu,* en 1826, signée L. Martin (S. VI); les *Bains Saint-Jacques,* rue des *Feuillantines,* en 1829, de Lettié ou Lethière (Entresalles V-VI); une *Vue de Paris,* prise de l'Arc-de-Triomphe (S. V), par Auguste Cadolle (1782-1849); et une vue de l'aile de *Saint-Germain-l'Auxerrois* transformée en mairie, à la date de 1840 (S. VI). Quelques autres sujets également non signés, et relevant de cette époque complètent cet ensemble. Ils font revivre notamment le souvenir des *Carmes de la rue de Vaugirard,* vue prise du jardin, vers 1836 (S. V); *le Musée des Monuments en* 1818 (S. VI), vue de la salle du XVIIe siècle au couvent des Petits-Augustins, aujourd'hui Ecole des Beaux-Arts, rue Bonaparte. Ce musée avait été créé par Alexandre Lenoir, et les statues que l'on voit esquissées sur la toile sont celles de Henri IV (aujourd'hui à Versailles), de Pierre Corneille et de Raymond Phelipeaux, secrétaire d'État sous Louis XIII, et dont Carnavalet peut montrer la signature sur maint parchemin revêtu du sceau royal.

A ces formes du paysage parisien vont se rattacher les scènes historiques et pittoresques qui feront l'objet du chapitre suivant. Et l'on pourra aisément se rendre compte par un examen réfléchi que toutes ces études témoignent d'un sentiment progressif soit du plein air, soit de la nature, soit enfin de la recherche d'horizons moins resserrés, de sujets plus variés; évocations de coins de Paris qui, destinés parfois à une prochaine disparition, laissaient ainsi le visible souvenir de leur existence et de leur splendeur d'antan aux yeux du promeneur en quête d'attrayantes impressions de l'autrefois ressuscité, grâce au témoignage ainsi affirmé de ceux qui l'ont vécu.

X

SCÈNES HISTORIQUES DU XIXe SIÈCLE

Certes, sur ce chapitre, Carnavalet ne prétend pas soutenir la concurrence avec le Louvre et Versailles. Les peintures qui se rattachent au genre historique y forment plutôt un complément de documentation qu'un ensemble esthétique de premier ordre.

Diverses dates, celle des changements de régime politique notamment, semblent avoir bénéficié du sentiment qui pousse les peintres vers l'actualité, ce moyen efficace d'attirer sur une œuvre l'attention des profanes.

C'est ainsi qu'on relève dès 1814, un *Passage des souverains alliés* sur le boulevard Saint-Denis, le 10 avril (S. XXV), peinture dont la signature, Zippel, ne nous apprend pas grand'-chose, mais qui, par la disposition et le mouvement des personnages principaux, défilant à cheval non loin de la porte triomphale érigée à la gloire de l'aïeul conquérant du Bourbon réintégré, ne manque pas d'un relatif intérêt.

Le même jour, comme on sait, un solennel *Te Deum d'actions de grâces* (entre S. VI-VII) était célébré *sur la place de la Concorde,* pour fêter la venue des alliés, et le *Journal des Débats,* dans son numéro du lendemain, nous conte comment les troupes étrangères disposées sur trois rangs, encadrant une tribune qui faisait face à la rue Royale, défilèrent devant le roi de Prusse, l'empereur de Russie, et le prince de Schwartzenberg, représentant de François-Joseph Ier d'Autriche, qui, le matin, les avaient tous trois déjà passées en revue au long des grands boulevards.

En 1820, lorsque le coup mortel porté au duc de Berry par le poignard de Louvel, plonge dans le deuil la famille royale, et enraye pour un temps l'essor d'un libéralisme près d'éclore, grâce à ce prince, le baron Gros s'inspire de ce sujet pour une *Présentation du plan du tombeau,* au roi Louis XVIII (R.).

Deux ans après, l'héroïsme des quatre sergents de la Rochelle, Bories, Pommier, Goubin et

Raoulx, punis de leur tentative de lèse-majesté par une fusillade simultanée, le 22 septembre 1822, suscite à quelque peintre, demeuré inconnu, l'idée de reproduire leur *Tombeau* (R.).

Dans un ordre d'idées plus populaires, voici une scène pittoresquement rendue par le peintre Jean Roller (1798-1866). Cet élève de Gautherot, délaissant le factage des pianos pour l'harmonie des couleurs, se distingua par divers portraits des architectes Brongniart et Hittorf (auxquels nous devons, au premier la Bourse, au second l'embellissement des Champs-Elysées), et par le portrait du duc de Morny. *La parade de Bobèche et de Galimafré* (S. XVI), que nous citions dans un précédent chapitre, ravive le souvenir de l'influence populaire qui se groupait autour de ces forains de jadis, lorsqu'ils faisaient le boniment quelques instants avant la représentation. Ce tableau, composé vers 1820, comporte un Bobèche et un docteur Galimafré d'après nature, ces deux célèbres pitres ayant consenti à prendre la pose, tandis que des amis du peintre s'offraient à la figuration. Malgré le soin apporté à cet œuvre, le débutant se vit refuser l'admission au Salon, et, de dépit, se remit à fabriquer des pianos. C'est même à lui que se dut l'invention du piano droit,

Après fortune faite, advint pour lui le moyen de s'orienter suivant sa fantaisie. Il reprit alors ses pinceaux et c'est comme portraitiste qu'il connut le succès.

A cette même date environ se rapporte la *Loterie royale de Paris*, peinture non signée (S. XXV) qui figure un groupe de modestes gens attendant le résultat du tirage au sort des numéros gagnats.

La naissance du comte de Chambord, survenue le 29 septembre 1820, sept mois et demi environ après la mort de son père, le duc de Berry, suscite encore à Gros une œuvre allégorique.

Les progrès de la science médicale procureront aussi aux peintres de nouveaux sujets d'études. Ainsi se trouvera fixé dans l'histoire le souvenir de la célèbre *clinique du Dr Dubois* (S. XXV), l'un des chirurgiens les plus accrédités de son temps, spécialiste en matière d'accouchements, et qui avait été formé dans son art par Desault, celui-là même qui mourut empoisonné quelques jours après avoir constaté le décès du faux Louis XVII dans la prison du Temple, en 1795. Cette petite toile qui vaut par l'arrangement des personnages, est donnée comme attribution au peintre Nicolas-Antoine Taunay (1755-1830) élève de Brenet et de Lépicié, et qui fonda au Brésil une académie, puis revint en France après la mort de son frère Auguste, le sculpteur, noyé dans le Guapori, cours d'eau de ce pays, en essayant de le traverser à la nage.

Dans le même genre se remarque l'*Opération de la cataracte*, tentée par Dupuytren à l'Hôtel-Dieu, en présence du roi Charles X (S. XXV). Le fameux praticien qui laissa, comme on sait, deux cent mille francs de sa fortune pour la création d'une chaire pathologique à la Faculté et celle du musée anatomique inauguré sous son nom, prodiguait son temps aux malades indigents et imposait en revanche des tarifs exorbitants à ses clients de marque.

Avec quelque fierté bien justifiée, il présente, dans le tableau dont il s'agit, la malade qui, grâce à ses soins, vient de recouvrer la vue, et la simplicité de son attitude, rendue avec beaucoup de naturel par l'artiste, n'est pas sans grandeur au milieu de cet entourage imposant d'uniformes et de personnes de qualité.

Nous voici transportés aux trois pénibles et glorieuses journées durant lesquelles le peuple de Paris combat pour son indépendance. Ici, le polytechnicien Charras essuie avec ses hommes vaillants et résolus le feu des troupes royales sur *la rue de Rohan*, proche le Palais-Royal, le 29 juillet 1830.

La veille, devant la *Porte Saint-Denis,* beaucoup de braves avaient déjà trouvé la mort, et ces scènes historiques animent d'une vigueur très mouvementée le pinceau d'Hippolyte Lecomte (1781-1857) élève de Regnault et gendre de Carle Vernet. Ces deux toiles, dont la première appartint longtemps au peintre Jazet, figurèrent au salon de 1831, et sont des premières acquises par le musée, en 1881. Dans la même salle (S. XXV) on peut voir un épisode des dites journées de Juillet, avec pour cadre les *Alentours de la Porte Saint-Martin.* Ailleurs le peintre Raffet, délaissant momentanément ses grognards, nous montre un *Bivouac au Panthéon* en 1830, et un peintre demeuré inconnu fixe l'aspect d'une procession au *Calvaire du Mont Valérien* (R).

Deux victimes de Juillet laissent ici un souvenir ému : *Vaneau, polytechnicien,* ancien élève du collège Chaptal (et dont il nous souvient avoir vu le portrait en pied dans la chapelle du collège, transformée en bibliothèque, au temps de notre séjour scolaire dans cet établissement, voici près d'un quart de siècle); Vaneau, tué devant la caserne de la rue de Babylone (R,ve); puis *Farcy, jeune professeur de philosophie,* sorti de l'Ecole normale, et mort sur une autre barricade, place du Carrousel, lors de la prise des Tuileries.

Un portrait en pied (don de M. Albert Liouville), signé d'Alexandre Colin (1798-1861), le représente au moment où il est venu chercher des armes dans l'atelier du peintre, son ami, lequel, élève de Girodet, exposa, lui aussi, son œuvre au salon de 1831. Ce dut être un salon d'aspect tragique, à en juger par le nombre des toiles similaires qui garnissaient ces galeries. Une autre, notamment, qui fut de grand effet, et dont les tonalités reflètent bien l'époque, ce fut l'*Inhumation des victimes de juillet* devant la colonnade du Louvre (S. XXV). Vis-à-vis de l'église Saint-Germain l'Auxerrois, dans un coin de la place, sous la colonnade, deux fosses ont réuni les dépouilles des victimes, et les citoyens sont venus rendre un dernier hommage à ceux de leurs frères tombés en combattant pour les lois. Jean-Alphonse Roehn (1799-1864), fils d'un peintre et élève de Regnault et de Gros, connut le succès grâce à cette sombre et noble évocation d'un souvenir dont les Parisiens avaient encore l'âme meurtrie.

Il existe également de Cottrau (1799-1852), artiste élevé dans l'atmosphère des sites et des maîtres italiens chez lesquels il trouva ses premières inspirations, une *Cérémonie funèbre en l'honneur des victimes de juillet* (R.); d'Alexandre Péron (1756-1856), une attristante *Translation des victimes à la Morgue,* notée dans le catalogue de 1835 (S. XXV); de Nicolas Gosse, enfin (1787-1857), *l'Ambulance de la Bourse,* en 1830, (S. XXV). Le 25 août 1830, lorsque les premières détentes ont produit l'apaisement, la reine Marie-Amélie, la princesse Louise, depuis reine des Belges, et le prince de Joinville, sont venus visiter les blessés des Trois Glorieuses, et leur prodiguer les marques de leur sympathie.

Bien inspiré par ce sujet, remarqué au Salon de 1833), l'artiste, élève de Vincent, connu pour diverses décorations d'édifices et théâtres parisiens, l'exécuta en pleine maturité de talent, et justifia la notoriété de bon aloi qu'il a gardée jusqu'à nos jours.

Louis-Philippe, objet d'une popularité passagère, est devenu roi des Français. La « meilleure des républiques », ainsi que l'a baptisé son soutien, La Fayette, n'octroie point, mais accepte la Charte, et le voici *à l'Hôtel de Ville,* au moment où, préalablement à la couronne, on lui a décerné le titre de lieutenant-général du royaume. Cette esquisse, non sans intérêt, est attribuée à Michel-Martin Drolling (S. XXV). Le peintre belfortain Fr.-Joseph Heim, qui s'est spécialisé dans la décoration, soit au Louvre (*La Renais-*

sance des arts en France), soit à la Chambre des Députés, dont la salle de conférences se rehausse de divers sujets historiques sortis de son pinceau (*Charlemagne faisant lire au peuple ses Capitulaires, Louis le Gros affranchissant les Communes, Louis XII organisant la Chambre des Comptes*), le peintre Heim, disons-nous, a noté d'un trait rapide, en une esquisse d'un assez joli coloris, la visite du roi Louis-Philippe au Louvre en 1830 (S. XXVI). Peut-être méditait-il un pendant à la *Distribution des récompenses* par Charles X, à la fin de l'Exposition de 1824, autre tableau de sa composition, gravé par Jazet.

Mais ce bel essor d'actualités sur toile semble durant quelques années se tarir. Hormis une *Visite du duc d'Orléans à l'Hôtel-Dieu*, en 1832, lors de l'épidémie du choléra, œuvre de réelle valeur du peintre Alfred Johannot (1800-1837) frère des deux graveurs célèbres, et l'*Erection de l'Obélisque* de François Dubois, déjà citée au précédent chapitre, le musée parisien ne fixe nul fait saillant jusqu'en 1848, au long de ses galeries.

Toutefois, un regain de mouvement et d'enthousiasme s'attache aux journées de février. Lamartine, à qui ses souvenirs de jeunesse ont conservé une sincère sympathie pour la famille aînée des Bourbons, leur a politiquement préféré la cause républicaine ; et, devenu l'un des artisans intellectuels de la révolution de 1848, il a osé soutenir devant la duchesse d'Orléans, présente à la séance de la Chambre, la nécessité d'un gouvernement provisoire.

Puis le lendemain, 25 février, à l'Hôtel de Ville, au milieu d'une plèbe en furie qui veut faire hisser le drapeau rouge, il réussit, par un prodige inouï d'éloquence, à maintenir avec fierté le drapeau tricolore. C'est cette scène émouvante, prélude d'une popularité sans précédent à travers notre histoire sociale, que le peintre Philippoteaux (1815-1884), élève de Léon Gogniet, a esquissée (S. XXVI) avec un peu de cette belle vivacité de tons qu'il sut mettre dans ses épisodes des campagnes d'Italie, d'Afrique, de Crimée, et de la Défense de Paris, en 1870, sujet de son panorama longtemps exposé au Carré Marigny.

Dans la rue, des sections se sont formées ; l'une d'elle a prêté serment devant le Panthéon (R.) ; c'est pour le peintre Gabé, un sujet d'étude qui s'apparente d'ailleurs aux compositions qu'il exécuta quelques années plus tard sur les Barricades de 1851 et la mort de Baudin, toiles demeurées dans le domaine privé. Celle qui commémore ici la fin héroïque du représentant du peuple, est l'œuvre du peintre Richon.

Mais les fêtes de 1848 ont trouvé en Jean-Jacques Champin un descripteur des plus attrayants. Grâce à la libéralité de sa fille, Mme Brunet-Champin, il nous est donné d'assister successivement aux évènements les plus saillants : le 24 mars, à la *Plantation de l'arbre de la Liberté* (S. XXV), devant l'Hôtel de Ville, tandis que le curé de Saint-Gervais prononçait un discours, et qu'une proclamation rendait hommage aux quatre sergents de la Rochelle exécutés sur cette place en 1816; l'arbre symbolique s'élève, les tambours battent aux champs, et des milliers de voix acclament le gouvernement provisoire; le 20 avril, à la *Fête de la Fraternité* qui se tint sous l'Arc-de-Triomphe de l'Étoile, alors que défilaient des légions de la garde nationale, après la distribution des drapeaux. Cette fête s'étant prolongée fort avant dans la soirée, les flambeaux et les illuminations lui ont apporté un éclat imprévu, dont le peintre fut bien venu à profiter, car il excellait dans ces expressions de foules agglomérées et de lointaines perspectives emmagasinées sur une superficie restreinte de toile.

Le 4 mai 1848, jour d'ouverture de la session

de l'assemblée, sur le péristyle du Palais-Bourbon, la foule des représentants est venue se montrer au peuple et proclamer officiellement la République. Dix-sept jours après cette *Proclamation* (S. XXV), les *Corporations ouvrières défilent sur le Pont de la Concorde,* pour se rendre *au Champ de Mars,* en venant de la Bastille, et portant les chefs-d'œuvre de chaque métier. Le *char de l'Agriculture,* précédé d'un chœur d'orphéonistes, faisant entendre des chants patriotiques, a stimulé l'originalité de l'artiste.

Environ un mois après, les émeutes ont atténué déjà cet enthousiasme. Le faubourg Saint-Antoine a dressé des *Barricades* dont la vigueur répressive du général Cavaignac aura bientôt raison. Mais des victimes sont tombées le 25 juin, et parmi elles Mgr Affre, archevêque de Paris qui, le crucifix en main, avait espéré ramener par sa présence la paix entre les partis dissidents.

C'est lui qu'on voit ici, dans ce cadre imposant de la place de la Bastille et du faubourg, se rendant du côté où il trouvera la mort. Le 6 juillet, les victimes sont honorées de solennelles *Funérailles sur la place de la Concorde* (S. XXV). Les façades de la Madeleine et du Palais de l'Assemblée sont tendues de noir, et le char sorte de cénotaphe entouré de candélabres et de faisceaux, nous dit le *Moniteur,* était traîné par seize chevaux. Puis l'absoute une fois donnée, le cortège défila par le boulevard, devant la foule silencieuse et contristée.

Le 12 novembre, on fêtait sur cette place, propice par sa splendide et spacieuse disposition aux solennités de ce genre, la *Promulgation de la Constitution.* (Même salle).

La coutume de ces réjouissances semblait si bien établie, que même les cinq millions de suffrages qui consacrèrent l'élection de Louis-Napoléon Bonaparte à la présidence, motivèrent des *Illuminations sur les Tours de Notre-Dame,* le soir du 10 décembre 1848. (Même salle).

Cet ensemble, comme on peut en juger, constitue dès lors une attrayante suite qui fait honneur au paysagiste Champin, déjà signalé au hasard des aspects parisiens précédemment entrevus.

Après la chute du second Empire, Paris s'est vu en proie aux terreurs du siège et de l'invasion.

Ce ne sont partout que tueries, décombres et ruines, campements de soldats et de mobiles. Peintres, aquarellistes, dessinateurs et graveurs, ont reproduit, tels Pils, Lalanne, Bayard, Vierge, Draner, et maint autre, ces tristes épisodes.

En peinture, notamment Henri Pille et Guillaumet ont fixé l'impression mémorable de ces *Cantines municipales* (S. XXIX) aux portes desquelles se pressait la foule des ménagères et des miséreux attendant sous la neige qui tombait dru, et sous le gel d'un hiver extrêmement rigoureux, la maigre ration qui revenait à chaque assiégé, d'un pain dont les échantillons stupéfiants sont visibles dans les vitrines, de viandes étranges, pour la distribution desquelles des matinées entières de stationnement étaient imposées, cependant que les sous-sols des Halles regorgeaient de victuailles, dont certains privilégiés, comme toujours il advient en pareilles circonstances, ne manquèrent jamais, et que la capitulation signée, on vit extraire des caves, par tombereaux entiers de légumes et autres approvisionnements.

Quelques *Scènes de la Commune,* par Boulanger (R.) se rattachent aussi à ces pénibles événements, de même que cette pochade de Vonoven rappelle le *Transport par voie d'eau des dépêches pendant le siège.* (R.)

Des jours plus souriants sont venus rendre au pays sa prospérité et ses belles espérances d'avenir démocratique. C'est le 14 juillet 1880, première fête nationale sous la nouvelle République. On distribue les *nouveaux drapeaux* à tous les régiments. Jules Grévy, président de la République, ayant à sa droite Léon Say, président du Sénat, à sa gauche Gambetta, président de la Chambre des députés ; derrière eux, des ministres des généraux, des parlementaires, où se distinguent plus familiers à notre vue les profils de Jules Ferry et de Freycinet, sont posés nature par le pinceau d'Edouard Detaille, sur cette esquisse (don de M. Zarifi, S. XXXI), découpée en ovale dans sa longueur, et qui rappelle fragmentairement le tableau exposé par le peintre au salon de 1881.

C'est la dernière page de notre histoire contemporaine qui vaille d'être citée pour son réel intérêt.

Cependant, on remarquera encore au passage, plus proches de notre temps présent, cette *Chambre mortuaire* de Léon Gambetta, peinte en 1883 par Mlle Denizard, d'après le tableau de Cazin (S. XXVIII) ; *l'Exécution de Campi*, notoire assassin, à la Roquette (R.), par Robert Mols, peintre flamand qui rappelle par sa manière le dessin menu de Morin et de Lépine ; les *Funérailles de Victor Hugo*, au Panthéon, le 1er juin

1885, par Sinibaldi (S. XXXII) qui a, dans un ensemble coloriste assez exact, montré l'amoncellement des couronnes, jonchant les marches d'accès du péristyle de ce temple réservé à nos grandes célébrités; l'*Incendie de l'Opéra-Comique* en mai 1887, par Talagrand (S. XVI); enfin les *Obsèques du président Félix Faure* à Notre-Dame, en février 1899 (S. XXXII), petite peinture à l'eau, de Frédéric Houbron, et d'amusants tableautins de Luigi Loir, rappelant les fêtes franco-russe de 1893, lors de la venue de l'amiral Avelane et de ses marins à Paris. Ce sont autant de menues notations utiles qui apportent à l'histoire de notre Paris leur appoint documentaire modeste mais toujours intéressant.

Il reste un mot à dire des esquisses de plafonds que possède encore le Musée, relativement à cette époque contemporaine. Elles sont au nombre de trois; la plus importante, tant par la magie de couleur qui s'en dégage que par l'impression symbolique qu'elle excelle à rendre, est d'Eugène Delacroix. C'est le motif de *la Paix ramenant l'abondance parmi les hommes* (S. XXV) et qu'en 1853, le peintre, fort bien en cour, puisque membre du conseil municipal de Paris, désigné par l'Empereur, exécuta pour le salon de la Paix, à l'Hôtel de Ville. En 1871, lors de l'incendie de ce palais, le plafond de Delacroix fut détruit, irrémédiablement, comme tant d'autres chefs-d'œuvre par les flammes. La présente esquisse n'en acquiert que plus de prix, bien que ce don de M. Achille Fould ne soit pas une pièce unique, et qu'il en existe une semblable au Petit-Palais. Les deux autres études de plafond sont celles de Léon Cogniet pour le salon du Zodiaque, et d'Ingres, également pour une salle de l'Hôtel de Ville (R). On y retrouve les qualités distinctives propres à ces deux maîtres, dont le seul nom est de nature à rehausser sensiblement l'éclat des collections municipales.

Disons, pour terminer, en consignant ici une indication récemment retrouvée au cours de nos recherches, que les peintures allégoriques modernes, décorant les dessus de portes de la salle Dangeau, sont dues au peintre Pastelot, dont la manière, bien que très classique, a su exprimer cependant le sentiment gracieux des physionomies féminines qui aident à symboliser la science astronomique, la poésie, la peinture et la musique.

XI

PORTRAITS DU XIXe SIÈCLE

Quelques œuvres de choix se recommandent à l'attention du visiteur. Elles associent en effet, le nom d'artistes de valeur à la célébrité de leurs sujets. Deux surtout, pris dans leur pose la plus familière, nous captivent : ce sont les portraits d'*Armand Carrel,* par Henry Scheffer (S. XXV), et de l'*historien Jules Michelet* par Thomas Couture (Cabinet des Estampes).

Dans le premier, le jeune et vaillant polémiste du *National,* tué si malheureusement en duel en 1836 par Emile de Girardin (il avait à peine trente-six ans), revit dans toute la beauté d'attitude qui symbolisait sa noble et vaillante existence. Son seul regard éclaire pour ainsi dire tout le tableau d'une atmosphère de lumineuse franchise teintée de mélancolie. C'est comme une empreinte de la fatalité inscrite dans le livre de la destinée qui nous apparaît ici. Drapé dans la sombre redingote tabac foncé à la mode de 1833, car c'est la date du Salon où fut exposée cette belle œuvre, la main droite logée dans l'embrasure de deux boutonnières, il semble porter, sous sa chevelure touffue et son profil accentué, toute l'énergie résolue de ses idées généreuses.

Le peintre Henry Scheffer (1798-1862), frère du grand Ary, et beau-père d'Ernest Renan, était dans la plénitude de son jeune talent, formé par les leçons du maître Guérin quand il composa cette œuvre, offerte au musée par Mme Hélène Bohn. Elle était de nature à donner une haute idée du parti qu'on pouvait tirer en peinture en adaptant le costume contemporain, à la représentation des figures, sans diminuer, bien au contraire, l'effet esthétique attendu.

C'était là comme du David modernisé, on reconnaissait évidemment chez l'artiste cette patience minutieuse et cette probité de conscience qui furent ses qualités principales, parmi les maîtres de seconde place de l'époque romantique.

Ary Scheffer, son frère (1795-1858), élevé à la

même école, et devenu plus célèbre, avait de son côté donné sa large mesure de sentiment et d'élévation de caractère, en dépit d'un sens imitatif de l'art d'Eugène Delacroix, avec *les Femmes souliotes*, et avec ce *Portrait de Béranger* que le musée possède de lui (S. XXV).

C'est à sa table de travail, au milieu de ses chers livres et de ses manuscrits, que Thomas Couture (1815-1879), le peintre des Romains de la décadence, élève de Gros et de Delaroche, a voulu représenter Michelet, dans le geste familier du labeur méditatif du grand historien. (Don de Mme Michelet).

Et l'on peut assurer que de telles œuvres, malgré la critique de parti-pris qui les accueillit et qu'elles suscitent encore aujourd'hui, et dans lesquelles se retrouve toute l'influence des anciens maîtres, fond romantique d'où la lumière semble se concentrer pour rendre plus éclatants les tons du visage, prendront avec le temps une grande valeur.

Une autre toile d'imposantes dimensions nous montre *l'éditeur des romantiques, Eugène Renduel* (S. XXIII), portraituré en pied par Auguste de Châtillon (1808-1869), qui, élève de Lethière, joignait à ses qualités de peintre un certain talent de sculpteur et d'écrivain. On lui doit d'ailleurs divers portraits de poètes, notamment Hugo et son fils (1836), et Théophile Gautier (1839).

On trouvera ici une bien curieuse esquisse du portrait (tête) de Victor Hugo, vers 1840, par Heim (S. XXXII), au temps où l'auteur des *Contemplations* portait encore la longue chevelure qui encadrait son visage légèrement poupin et rasé, lui donnant ainsi une physionomie si différente de celle que le ciseau de Barrias et de Rodin a consacrée depuis, faisant de ce Titan de la poésie française le vieil aïeul jupitérien à barbe d'argent, que la légende populaire adopta, tandis que la peinture associait à sa vieillesse triomphante le souvenir de ses deux petits-enfants appuyés sur ses genoux.

Quelques poètes encore, au temps de leur prime jeunesse, nous apparaissent, comme Alfred de Vigny (S. XXV), qui à seize ans portait déjà l'uniforme des mousquetaires rouges, rétablis en 1814, au retour du roi Louis XVIII, et un an après, licenciés, en raison de l'impopularité dont ils jouissaient même au regard des autres corps de troupes; puis Alfred de Musset, et Paul, son aîné, réunis ensemble sur une même toile de Fortuné Dufau (1770-1831), bon élève de David, lequel a donné un charme séduisant à ces souriantes physionomies du premier âge.

Baudelaire, dont le souvenir est, hélas! absent de ces superbes collections, et dont nous pouvions admirer, il y a deux ou trois ans, chez l'expert Moline, un intéressant portrait parmi un groupe d'artistes que Gustave Courbet avait réunis dans leur cadre familier de l'intérieur du café Procope, aujourd'hui remplacé par un vulgaire restaurant d'étudiants, Baudelaire, lorsqu'il regardait les toiles de Louis Boulanger, ce romantique élève de Lethière, et que Victor Hugo, écrivait-il, « a perdu après en avoir perdu tant d'autres », regrettait de ne pas voir se consacrer à la gravure l'auteur des portraits clairs et solides où les lumières blanches et les ombres vivaces semblaient rendre les effets de l'eau-forte.

Si tel *Portrait d'Honoré de Balzac* (C. du C.) peut lui être à quelque titre attribué, puisqu'on y retrouve quelques-unes de ces qualités, à côté d'un empâtement un peu lourd, il justifierait assez volontiers l'impression ci-dessus transcrite. On pourrait en dire autant du *Portrait d'Alfred Delvau* (R.) par Léopold Flameng qui, lui, du moins, consacra son talent, nourri à l'école de Calamatta et de Jean Gigoux, à ce genre de gravure.

A côté de Couture, l'école de Gros a produit

divers petits maîtres assez intéressants, mais non sans défaut. On accordera volontiers, par exemple, et le *Portrait de l'Alboni* (S. XVII *bis*) n'est pas de nature à nous contredire, malgré son ampleur et son élégance second Empire, que les figures d'Alexis Pérignon (1806-1882) sont généralement un peu xylostomes, et que la célèbre cantatrice qui fut aussi comtesse Pepoli avant de devenir l'épouse de M. Ziéger, donateur de cette œuvre et des souvenirs de l'artiste, avait évidemment, à côté de cette noblesse de maintien, plus de souplesse dans les lignes quand elle chantait les grands airs de Rossini, son compositeur favori.

On conviendra également que Désiré Court péchait un peu par le défaut de vigueur dans l'expression, tout en soignant la ressemblance, témoins *Paul de Kock* (S. XXV) et ce *Président Dupin,* du reste assez amusant au milieu de l'attirail de sonnettes dont il aimait à s'entourer quand il présidait les séances parfois tumultueuses de l'Assemblée nationale de 1848 à 1852.

Glissons sur ces esquisses rapidement jetées de Lavauden (1796-1857), à qui l'on doit des scènes de genre, et un *Portrait de Ledru-Rollin,* daté de 1839 (R); sur les *Portraits du duc d'Orléans en* 1830, alors qu'il venait d'être proclamé lieutenant général du royaume, et du *Conseiller Le Poittevin*, même époque ; et à défaut d'une œuvre signée d'Ingres, voyons ce que nous offrent à la vue ceux de ses élèves qui sont ici représentés. C'est par exemple Sébastien-Michel Cornu (1804-1870), à qui échut la direction de l'éphémère musée Campana, et qui a fixé, non sans y mettre de réelles qualités de touche, les traits d'*Edgar Quinet* (R.). C'est Gallimard (1813-1880), qui lèche de teintes plates le facies amaigri de son autre maître Auguste Hesse, sous un bonnet d'égrotant (R.). C'est enfin Claudius Lavergne, dont le portrait de Thomas Sauvage orna la cimaise d'une galerie au salon de 1850.

Restent encore, issus de l'atelier de Regnault, le peintre Jean-Baptiste Lecœur (1795-1838), qui popularisa certains épisodes du règne de Louis-Philippe, et que les distributions de soupe et de pain de l'*Homme au petit manteau bleu* (Edme Champion), sur la place du marché Saint-Martin, n'ont pas laissé indifférent ; et, de l'atelier de Paul Delaroche, le peintre Adolphe Yvon (1817-1893), dont les portraits très sobres du *Baron Haussmann* (S. XXV), préfet de la Seine de 1853 à 1879 (le premier instigateur du musée Carnavalet, et grâce auquel fut acquis en 1866 le vieil hôtel que le séjour de Mme de Sévigné avait rendu célèbre, à l'intention d'y installer ce musée), et de *Ferdinand Barrot,* sénateur, membre de la commission municipale de Paris de 1864 à 1870 (S. XXV), ne sont pas sans quelque analogie avec ceux de l'école de Gros. Signalons encore, à titre de curiosité, le portrait (S. XXIII) d'une jeune négresse peint par le même Adolphe Yvon, dans la dernière année de sa vie, *Mlle S'Nabin,* présentée au Conseil municipal de Paris, le 5 juillet 1892, lors du retour de la mission du lieutenant Mizon.

Voici encore, dans sa plus nette exactitude de lignes, un *Portrait de l'architecte Laval* par Eugène Delacroix, un Delacroix assagi, trahissant certes la hantise de son coloris familier, mais visant à la simplicité qui est l'un des apanages du génie.

Le reste, sauf une tête intéressante du vieux communiste *Félix Pyat,* à qui le mélodrame dut en son temps quelque succès, comme le *Chiffonnier de Paris*, et dont le peintre est Edouard Chantalat, donateur de cette œuvre (Esc. du Siège.), ne vaut plus guère que par l'intérêt documentaire.

Ainsi, par exemple, de nombreux portraits non signés, de Louis Blanc, Benjamin Constant, D[r]. Gendron, Chateaubriand, Proudhon, l'abbé Sicard enseignant les sourds-muets, œuvre probable de Langlois (Jérôme), Lamennais et Lamartine, qui complètent les salles de l'époque Restauration (XXV-XXVI) ou attendent le moment propice d'une heureuse exposition.

A titre de curiosité, on jettera volontiers un coup d'œil sympathique sur ce *Grenadier de la compagnie Laffitte* (1830), qui se trouve être, détail amusant, le grand-père du critique d'art Philippe Burty, donateur de ce tableautin (entre S. XXIII-XXIV) ; sur le *comte de Chambord*, de J.-L. Brown, œuvre de jeunesse d'assez bonne venue (R) ; sur le *Portrait* de la seconde *Mme Michelet*, daté de 1855, par Mlle Amandine Parrot (don de M. Mialaret, cab. des Est.) et dont une réplique, avec quelques différences dans le costume, figure, si nous avons bonne mémoire, au musée Ingres, à Montauban, d'où la compagne du grand historien était originaire ; sur un *Portrait de l'Homme au Chien* (Esc. du siège) ; sur un autre *Portrait de Ledru-Rollin*, par Mlle Henriette Mongez (S. XXV), daté de 1838 ; sur les *Portraits de François Raspail* par Moët de Crèvecœur et par Mirallès (R) et sur celui du *graveur Charles Courtry*, par lui-même (R).

Enfin, pour les amateurs de souvenirs de théâtre, un petit tableau, sous vitrine (S. XVI), offre la gracieuse silhouette de Mlle Volnys (Léontine Fay) de la Comédie Française (1811-1855), à côté de diverses miniatures que nous aurons loisir de signaler en terminant cette série d'études.

XII

UN PRÉCURSEUR DE L'IMPRESSIONNISME
L'ŒUVRE D'ÉMILE GUILLIER

(*Salle XXVII — 2e étage*).

Ce n'est certes pas un anachronisme d'art que la présence, dans le cadre attristé des souvenirs pénibles du siège de Paris et de la Commune de 1871, de ces onze tableaux, entourés de multiples croquis, œuvres d'un artiste véritablement précurseur : Émile Guillier.

Parisien de Paris, né en 1851 de parents que leurs occupations commerciales, spécialisées dans le négoce des œuvres d'art, mettaient en relations fréquentes avec les maîtres paysagistes de cette époque si féconde en chefs-d'œuvre, Rousseau,

Corot, Daubigny, Ziem, Dupré et Ch. Jacque, le jeune Guillier se sentit amené, et par l'influence ambiante, et par ses préférences personnelles, à traduire de primes impressions, à l'aide du crayon, puis du pinceau.

Dès sa huitième année, il barbouille des toiles où l'on sent déjà poindre le sentiment d'une vocation qui s'ébauche. C'est au musée du Louvre qu'il cherche ses inspirations, c'est dans l'atelier d'Yvon, et plus tard à l'École, sous l'œil de Cabanel, de Pils et de Carolus Duran, déjà promu jeune maître, qu'il donne libre cours à son essor, et au risque d'indisposer ses éducateurs respectueux des formules classiques, le voici qui se révèle, par ses croquis de paysages parisiens pris au hasard des rencontres, par ses études traduisant une vision neuve et réelle des formes et des contours, par le heurt inattendu et pourtant harmonique des couleurs, un adepte de cette génération brillante dont les survivants allaient plus tard devenir glorieux après avoir été méconnus, contestés, puis discutés. Aujourd'hui c'est de l'admiration qui plane autour de ces noms de Manet, Renoir, Monet, Raffaëlli, Sisley, parce qu'ils synthétisent le mépris des conventions banales de l'art classique, et affirment, comme au XVIIe et au XVIIIe siècle les Claude Lorrain, les Watteau, les Lancret et les Chardin, un sens profond de la personnalité, une manière originale et vraiment française, puisque dégagée des influences de l'antique.

Survint la guerre. Bien que très jeune, il avait à peine dix-neuf ans, Guillier partit dans un bataillon de mobiles de la Seine, combattit à Châtillon, puis, atteint de pleurésie, fut transporté au Val-de-Grâce, d'où il sortit, l'armistice conclu.

Alors tout entier rendu à son art qui le passionnait, s'inspirant d'un *Paysage des Tuileries*, d'un *Coin de Marché*, sur cette *Place Maubert*, près de ce quartier des Ecoles qu'il affectionnait, il commença, dans son petit atelier voisin de celui des maîtres de l'Ecole des Batignolles dont Emile Zola s'était, avec une courageuse audace, constitué l'Aristarque dans ses critiques du *Figaro* de Villemessant, cette série si attachante d'études dont les effets de lumière devaient constituer la plus ardente préoccupation.

Précurseur de l'impressionnisme, il ajouta les nuances de clarté au souci de vérité ; et si, d'entre les toiles sur lesquelles notre regard se promène, quelques-unes apparaissent et restèrent en effet inachevées, du moins annoncèrent-elles un tempérament vigoureux, plein de qualités initiales, et que la maturité et le métier eussent conduit à la perfection, si le jeune peintre, que d'ailleurs son esprit de franchise et d'indépendance avait orienté quelque peu à l'écart même de ses premiers compagnons de lutte, n'eût succombé à trente-cinq ans. Il avait été miné par ce mal dont les premières atteintes furent, comme pour tant d'autres victimes, la sanction la plus réelle du devoir civique, obscurément accompli aux heures d'angoisse de la patrie en danger.

Obéissant à un louable sentiment de piété pour la mémoire du cher disparu, Mme Vve Guillier, sa mère, fit don au Musée de ces trésors de vie, de ces richesses dont le mérite artistique ne s'est mis en valeur que du jour où elles ont été placées en évidence dans la salle où nous les admirons maintenant, et inaugurées en même temps que les galeries du Siège, en juillet 1899.

Ce sont pour la plupart, et cela justifie d'autant mieux leur présence ici, paysages parisiens ou croquis de la rue, types de mendiants et d'ouvriers, chacun portant l'empreinte caractéristique de son milieu.

Le Mail, où se tient le *Marché aux Pommes,* au long du quai de l'Hôtel de Ville, développe tout un large horizon d'espace et de vie ; cet autre *Marché, place Maubert,* dont les fenêtres et les portes cintrées laissent passer la lumière et dévoilent tout au fond le clocher de Notre-Dame, donne une impression intense de réalité. Types vécus et pris sur le vif, de ménagères empressées à discuter le prix des denrées à l'étalage, et vécus aussi, surprenants de mouvement, ce cheval qui hale une *Grue sur la Seine*, ces bêtes qui soufflent à remorquer un fardier, dans un ensemble d'une louable exactitude. Ce *Charbonnier* donne à penser, qui, sous l'arche de culée *du Pont des Arts,* rêvasse béatement à côté de son caniche. Ailleurs, de la vie pour l'enfance, pour la jeunesse, traduite en coups de pinceau rapides, mais justes, comme dans la *Fête de Saint-Cloud*, où l'on se laisse prendre au mouvement des balançoires et de la foule en joie, et le *Guignol au Jardin des Tuileries*. Cette jeune mère qui promène son enfant *au Bois de Boulogne* (Jardin d'acclimatation), comme elle est parente des types si parisiens de Renoir, et que de charme discret dans la simplicité de ce petit décor fait pour la joie intime et familiale !

Là des pêcheurs mélancoliques et des oisifs, accoudés sur le parapet des *Cagnards de l'Hôtel-Dieu*, escomptent l'émotion d'une capture improbable de goujon ou d'ablette, et, sous le Pont des Arts, la Seine coule, philosophiquement, et prête à fournir un beau motif de poème à l'âme inspirée d'un Verlaine, contemporain de ces choses tristes et douces. Non loin sont l'*Ecluse du Canal de la Villette,* où mûrissent encore les dernières grappes des vignes parisiennes, et le *Bateau-Lavoir sur la Seine.*

Parmi les dessins, nous l'avons dit plus haut, certains l'emportent par l'originalité de réalisme qu'un simple trait esquisse avec une netteté définitive.

Voici encore une *Étude de buveur,* un *Porteur aux Halles,* un *Réparateur sur la voie publique,* une *Etude du Jardin du Luxembourg,* près la Fontaine de Médicis ; un croquis pris durant un *Cours aux Arts et Métiers,* une *Vue de Notre-Dame,* la *rue Gracieuse,* un *Pêcheur au Pont Notre-Dame,* une *Marchande des Quatre-Saisons ;* des types d'ouvriers : le *Rémouleur,* le *Charpentier,* le *Bitumier, des Scieurs de bois dans la Cour du Louvre,* qui peinent à la tâche, une *Voiture-Balayeuse,* circulant sur la voie publique, des vieillards et des enfants, tout cela fixé par le crayon à mine de plomb ou rehaussé de gouache, comme cet effet de neige en janvier, durant la *Neuvaine de Sainte-Geneviève,* place du Panthéon. Et les deux aquarelles aux *Mendiants,* complètent cet ensemble passionnant pour qui sait comprendre et sentir la poésie sous la réalité et la puissance attractive des visions dont les sujets vous ont été familiers au temps de la prime jeunesse et demeurent gravés nettement dans la mémoire.

Une photographie du jeune peintre enlevé trop tôt à l'affection maternelle, à l'admiration de quelques rares amis qui se souviennent encore de lui, le représente sur son lit de mort. Dans le suprême sommeil, il est là, parmi ces choses qui font plus amère encore sa disparition d'ici-bas, ces œuvres nées de lui, issues de sa pensée et à l'assemblage desquelles de pieuses et louables intentions ont présidé. Du moins, cet hommage posthume, réservant à ce créateur l'espace complet d'une modeste galerie d'exposition permanente dans l'un des plus grands musées parisiens, loin de susciter des jalousies en ce temps de profond égoisme, aura-t-il fourni à quelques-uns l'occasion heureuse de découvrir l'étoffe d'un maître dans ce hardi précurseur qui, vivant, serait aujourd'hui l'une des gloires de l'école française contemporaine, en même temps que de sa ville natale.

XIII

COINS DU PARIS CONTEMPORAIN

Aux nombreux paysages parisiens qu'il nous a été donné d'examiner dans les précédents chapitres, s'ajoute, pour ainsi dire chaque jour, la contribution des artistes contemporains attirés de préférence vers ce genre pictural. C'est en s'ingéniant à découvrir les parages encore peu fréquentés et mal connus des divers quartiers, et plus particulièrement des quartiers excentriques annexés à la métropole en 1860, lesquels ont aussi leur histoire parfois très ancienne, comme Montmartre, Passy et Vaugirard, que l'on parvient à développer l'ensemble de collections qui, bien agencées, deviendront par la suite extrêmement précieuses. Elles rappelleront en effet à nos

12

descendants des aspects disparus qu'auront remplacés d'éphémères bâtisses de rapport, aux apparences confortables et luxueuses, mais construites avec des matériaux inaptes à valoir, pour la solidité, les inusables charpentes des habitations d'autrefois. Elles évoqueront également l'âme des rues et des carrefours actuels, la psychologie urbaine si sensiblement différente aux yeux de l'observateur averti, selon qu'il périgrine à Belleville ou à Grenelle, à Auteuil ou à Montrouge. Une sorte d'attraction qui, nous l'avons vu, s'affirme séculaire, semble porter les artistes soucieux de pittoresque, toujours vers les mêmes sites. La Seine et ses quais, depuis Bercy jusqu'au Point-du-Jour ; l'Hôtel de Ville, les grands boulevards, les vieilles rues tortueuses et paisibles des alentours du Panthéon, de la Cité, du quartier des Halles, par exemple ; la butte Montmartre spécialement affectionnée des peintres ; la Bièvre, cette apparition spectrale de ce qui dut être jadis la plus séduisante des rivières parisiennes : voilà les objectifs qui hantent aujourd'hui les rétines professionnelles, comme ils obsédaient l'esprit des maîtres d'autrefois, sur les œuvres desquels il nous est possible d'apprécier *de visu* les transformations subies par certains quartiers. Mais déjà, grâce à quelques adroites orientations suggérées par les amis de Paris et de Carnavalet, les peintres qui volontiers prennent le chemin du musée parisien et lui réservent leurs toiles ont étendu leurs investigations. Vaugirard, Grenelle, Belleville, Ménilmontant, la Maison-Blanche, etc., deviennent peu à peu l'objet de leurs notations d'art, et ce sera une véritable joie que d'apprécier dans les nouvelles galeries du musée annexe le sentiment ainsi dégagé de ces divers quartiers, hier encore inexplorés. Des hommes de talent, épris des traditions classiques de l'École, voisinent avec des impressionnistes vraiment doués, lesquels, sans négliger le sens documentaire indispensable à l'utilité de semblables collections, saisissent parfois d'un simple trait d'esquisse toute la poésie d'un coin de rue, le grouillement d'une foule en fête, ou la tristesse morne des quartiers déserts.

Parmi les premiers, on ne nous saura pas mauvais gré de citer d'abord ceux qui ne sont plus. Lépine (Stanislas-Victor-Édouard), l'un des paysagistes parisiens qui ont le mieux appliqué les leçons de Corot à ces visions d'où émane la pleine saveur esthétique ; Lépine, ce grand méconnu qui mourut dans la misère et y laissa les siens, tandis que ses œuvres s'entassaient dans les réserves des marchands empressés à les sortir aujourd'hui à des prix dignes de l'opulence américaine; Lépine, peintre de la Seine, dont pas un méandre, depuis Ivry et la Rapée jusqu'à Saint-Denis, ne semble avoir échappé à sa vision si nette et si consciencieusement inspirée, mérite en effet une place d'honneur. C'est précisément ce paysage parisien des *Bords de la Seine à Ivry* qui permet au souvenir d'un maître si essentiellement parisien de revivre ici, et fait regretter de ne pas en posséder une pleine galerie, tant l'esprit se sent attiré par la précision des contours, la sûreté du document et la beauté du sentiment qui s'essore de ces atmosphères embrumées de mélancolie.

On trouvera plus fréquemment des toiles d'Emmanuel Lansyer (1836-1893), artiste un peu sec peut-être, mais également soucieux d'exactitude et dont les œuvres consacrées, durant la dernière partie de son existence, presque entièrement à des aspects de Paris, vieux hôtels, carrefours, passages et ruelles, prennent avec le temps une patine adoucissante, et révèlent chez cet élève de Courbet, à côté de sa variété de tons, les affinités architecturales qu'il tenait de Viollet-le-Duc, dont il fréquenta l'atelier.

Parmi les anciens de la même époque, Edmond Yon, avec ses coins montmartrois, met un peu de verdure apâlie parmi ces toiles que le gris des murs et le bleu mou des ciels de Paris assombrissent communément.

A ces formules se rattachent plus ou moins divers artistes contemporains dont il nous est donné de rencontrer les œuvres à travers les Salons annuels, et qui ont déjà su conquérir un public d'amateurs, notamment : Mlle Delasalle, élève de Benjamin Constant ; l'excellent graveur et peintre Auguste Lepère, ce moderne Dürer du paysage, à qui la xylogravure devra de nos jours une grande reconnaissance en raison de l'essor progressif qu'il a donné à cet art si délaissé au XVIIIe siècle et qui ne s'est relevé que depuis une soixantaine d'années, grâce à l'heureuse initiative de quelques publications illustrées comme le *Magasin pittoresque*, *l'Illustration* et le *Monde Illustré*, dont les premières collections annuelles sont précieuses à conserver. Auguste Lepère, né en 1849, s'est révélé peintre consciencieux et sobre, apparenté quelque peu par sa couleur et ses effets à l'école française de Manet et de Renoir.

C'est encore le vieux peintre Alexandre Prévost, sur le nom duquel plane injustement l'oubli, et qui, né en 1830 à Paris, se forma, lorsqu'il eut quitté les ateliers de Lassalle et de Jeanron, au contact des vieux maîtres espagnols, dont

Charles Blanc le chargea de 1860 à 1865 d'aller copier les chefs-d'œuvre au Prado. Ses copies de Vélasquez, disséminées aujourd'hui en divers édifices publics, notamment à l'ambassade de Constantinople, sans paralyser son originalité propre, l'orientèrent vers de plus personnelles productions, comme l'*Escarpolette,* (Salon de 1870) et sa grande *Course de Taureaux à Séville* (Salon de 1875) qui, à l'heure présente, descendue de son cadre et retirée du châssis, demeure roulée dans un coin du logis du vieux maître, dont Castagnary, qu'il portraitura, avait su autrefois apprécier le talent, et qui garde encore dans ses cartons une merveilleuse suite d'aquarelles sur l'*Orlando furioso* de l'Arioste. Alexandre Prévost qui depuis sa jeunesse habita Vaugirard et connut les aspects villageois de ce quartier aujourd'hui transformé, nous en a gardé le souvenir avec de nombreux pastels, dessins et peintures, dont l'une : la *Campagne de Vaugirard* vers 1880, prise à vol d'oiseau, exprime bien la morosité de ces coins perdus de la grande cité.

Des signatures appréciées de notre temps rehaussent de leur prestige quelques œuvres, comme cet *Effet de neige à la Porte Maillot, en* 1870, de M. Edouard Detaille (S. XXX), — ce *Manège de Sainte-Marguerite* de M. Dagnan-Bouveret

(S. VI), — cet amusant intérieur du *Marché de la Madeleine,* de M. Victor Gilbert (S. VI), — l'*Enterrement d'une détenue à Saint-Lazare,* de M. Jean-Jacques Rousseau, — le *Boulevard de Clichy* et le *Boulevard des Batignolles,* en 1875, du peintre flamand Robert Mols, qui habita plusieurs années ce quartier, — les *Ruines du Château de Saint-Cloud,* incendié par les Prussiens en 1870, aujourd'hui complètement disparu, et dont un panneau du paysagiste L. Tanzi, rappelle l'aspect lamentable, au lendemain de nos désastres. Il convient de signaler également à l'attention divers effets du Paris nocturne, de M. Ulmann, notamment le *Quai aux fleurs ;* une *Place de la Madeleine,* de M. Braquaval, et les multiples études dues aux peintres qui se consacrent plus spécialement à Paris, et ont conquis de ce fait une juste notoriété, entre autres M. Henry Tenré, dont on remarquera l'*Effet de neige dans le Jardin de Carnavalet,* la seule peinture que possède le musée relativement à ses propres bâtiments, et qui fut acquise au lendemain de sa figuration au Salon des Artistes français en 1905 ; MM. Fernand Maillaud, Paul Schaan, Victor Marec, Bonneton, Hista, Henri Jourdain, P.-L. Moreau, Souillard, Grandjean, Cagniart, Rouart, Henry Caron, Dainville, Victor Léry, Zawisky, de Ménorval, etc... etc...

Mais une mention spéciale doit s'attacher aux œuvres particulièrement précieuses par leur caractère documentaire associé aux effets originaux d'un procédé rappelant celui de quelques vieux maîtres, et obtenu par le peintre Frédéric Houbron, en transportant pour ainsi dire le pointillisme délicat des gouaches dont il historiait il y a une trentaine d'années de ravissants éventails, sur la toile ou sur le carton. Il a réalisé, au hasard des divers quartiers de Paris consciencieusement fouillés par lui, une attrayante galerie. Ses peintures dites *à l'eau* se distinguent de la simple aquarelle par leur solidité et leur relief qui les apparentent sensiblement à la manière de tels petits-maîtres du XVIIIe siècle, et à l'un de nos contemporains les plus substantiels, le peintre aquarelliste Hervier. On notera aussi au passage, pour l'intérêt rétrospectif qu'elle présente, une reconstitution de *Paris au* XVIe *siècle*, de M. Hoffbauer père (S. I), dont la suite d'aquarelles conçues dans le même esprit n'est pas sans intérêt pour les érudits.

L'art impressionniste possède également ici, grâce à l'esprit éclectique qui préside aux acqui-

(1) M. Houbron vient de mourir le 16 octobre 1908, sans avoir connu, naturellement, l'aisance à laquelle son talent lui donnait le droit de prétendre.

sitions du musée, divers représentants d'entre les mieux doués, habiles à brider leur fantaisie lorsqu'il s'agit de contribuer utilement à l'ensemble topographique de ses collections.

Citons, parmi eux, le vieux maître Pierre Prins, que son esprit d'indépendance a tenu longtemps éloigné des salons et qui, après s'être signalé, voici bientôt quarante ans, par des œuvres sculpturales intéressantes, comme le bas-relief funéraire de Mme Claus-Prins, n'a cessé d'affirmer sa vigueur et son talent et de se faire apprécier des amis de la nature et du plein air; puis MM. Lebourg, Ten Cate, dont le coloris vivace et plein de chaleur égaie des toiles irisées de belle lumière; Gaston Prunier, qui unit la sobriété du trait à la justesse des tons, Frank Boggs, autre prestigieux coloriste, Gillot, Le Pan de Ligny, etc., etc...

Pour compléter ce chapitre, il nous apparaît utile, plutôt que de nous engager dans le domaine de la critique, de passer rapidement en revue les quartiers de Paris, à travers lesquels s'est exercée la fantaisie des artistes. Notre seul but, ce faisant, est de faciliter, le cas échéant, les recherches des érudits et des curieux que ces œuvres ont parfois l'occasion d'intéresser. Voici, en conséquence, ledit relevé sommaire :

Ire ARRONDISSEMENT (Louvre et Palais de Justice). — Bach : *Le Palais de Justice,* Cour d'Assises (S. VI). — Bellan (L.) : *Démolition de la Halle aux Blés,* 1888. — Boggs (Fr.) : *Le Pont-Neuf.* — Bourdin : *La Fontaine des Innocents.* — Buhot (Félix) : *La Butte des Moulins,* construction de l'avenue de l'Opéra. — Delasalle (Mlle) : *La Seine, vue prise au pied du Pont-Neuf* (S. VI). — Hoffbauer : *La Tour de l'Horloge.* — Houbron : *La rue Sauval* (S. VI); *La Tour de l'Astrologue,* rue de Viarmes. — Jamyn (Mlle) : *Le boulevard du Palais et le quai des Orfèvres.* — Lansyer (Emm) : *L'ancienne Halle aux Blés* (S. VI); *La Rue Sauval.* — Laurent (Henry) : *Vue du Port Saint-Nicolas.* — Maillot (Ch.) : *Le Palais de Justice,* copie d'après Bon Boullogne. — Marec (Victor) : *Le Pont-Neuf,* travaux du Métro (S. VI); *le Cloître Saint-Honoré.* — Nittis (J. de) : *Le percement de l'avenue de l'Opéra.* — Richomme : *La Cour du Heaume,* rue Pirouette (S. VI). — Schann (P.) : *Le Passage Vérité; L'Ancienne Cour des femmes, à la Conciergerie.* — Ten Cate : *Le Pont-Neuf ;* les *Ruines des Tuileries et le Carrousel.*

IIe ARRONDISSEMENT (La Bourse). — Delaunay (E.) : *Le Pavillon de Hanovre.* — Houbron : *Le*

Pavillon de Hanovre; la Rue Réaumur (S. VI). — Lansyer : la *Rue de la Lune.*

IIIe Arrondissement (Temple et Marais). — Boutillier : *La rue de Venise.* — Houbron : *La rue Taille-Pain* (S. VI) ; *Les Enfants Rouges.* — Lesbroussart : *L'Abside de Saint-Martin-des-Champs.* — Schaan : *La rue Beaubourg* (S. VI) ; *Le Pavillon des Singes* à l'Hôtel de Rohan. — Tenré (H.) : *Le Jardin de Carnavalet.* — Thivet : *L'Impasse Sourdis.*

IVe Arrondissement (Bastille et Hôtel de Ville). — Bingat : *Vue de l'ancien Hôtel-Dieu.* — Boggs (Fr.) : *Notre-Dame; la Seine au Pont-Marie,* effet de neige. — Dargaud : *L'Hôtel de la Vieuville,* rue Saint-Paul ; *Le Passage Charlemagne;* la *Rue Saint-Paul.* — Gillot : *Le Chevet de Notre-Dame;* l'*Estacade* (S. XXIV). — Harrouart : *Le Chevet de Notre-Dame.* — Houbron : *Le Quai de l'Hôtel de Ville* (S. VI) ; *L'Eglise Saint-Gervais* (S. VI) ; *L'Hôtel de Ville,* fêtes du roi d'Espagne en 1905 ; *Le Quai des Orfèvres ;* la *Maison de Sabra.* — Lansyer : *Le Passage Charlemagne ; La rue Grenier-sur-l'Eau.* — Marec : *Le Pont Notre-Dame.* — Masson (Mlle) : *Les Cagnards de l'Hôtel-Dieu* (S. VI). — Milon :

Intérieur de Saint-Gervais. — Moreau (P. L.): *L'Estacade.* — Prins (Pierre) : *Le Quai de l'Hôtel de Ville;* la *Rue de la Vieille Lanterne.* — Schaan (P.) : *La Place du Cloître Notre-Dame,* 1896 (S. VI) et *Le Pont Marie* (S. VI). — Ten Cate : *Le Chevet de Notre-Dame* (S. XXIV). — Ulmann (R.) : *Le Quai aux Fleurs.*

Ve Arrondissement (Sainte-Geneviève et Place Maubert.) — Bonneton (A.) : *La Rue Rataud,* la *Montagne Sainte-Geneviève.* — Braquaval : *L'Eglise Saint-Médard* (S. XXII). — Dargaud (V.) : *L'Hôpital de la Pitié;* la *Rue des Trois Portes; la Sorbonne* en 1890. — Fichot : *La Rue des Sept voies.* — Houbron : *Le Petit-Pont et la Rue Saint-Séverin;* la *Place Saint-Michel.* — Lansyer : *L'ancien Amphithéâtre de l'Ecole de Chirurgie* (S. VI); *La Cour de l'Hôtel Colbert,* 1888 (S. VI); l'*Hôtel Colbert,* façade sur rue (S. VI); *La Place Maubert* (S. VI); la *Rue Galande* (S. VI); la *Rue Saint-Julien le Pauvre* (S. VI); la *Cour de la Vieille Sorbonne,* 1886. — Lebourg : *Le Pont Saint-Michel.* — Maillaud (F.) : *L'Eglise Saint-Julien le Pauvre* (S. XXIII); la *Rue Saint-Jacques* (S. XXIII); la *Rue Lanneau* (S. VI); la *Rue de la Montagne Sainte-Geneviève* (S. XXIII); *L'Hôtel de Mme de Pompadour* rue Saint-Jacques; la *Rue Mouffetard.* — Marec (V.) : *Place Saint-Michel,* travaux du Métro; la *Cage du Métro.* — Ménorval (E. de) : la *Rue Daubenton* et la *Rue de la Pitié;* le *Petit Pont;* la *Rue du Pot au Lait.* — Moreau (P. L.) : la *Rue de la Parcheminerie; Percement de la Rue Dante* (S. XXIV). — Schaan (P.) : *La Rue des Anglais.* — Souillet (G.) : *La Rue du Haut-Pavé,* place Maubert; la *Rue Clovis,* mur de Philippe-Auguste; la *Place Saint-Michel.* — Zawiski : *La Maison du Bon Pasteur,* rue Denfert.

VIe Arrondissement (Luxembourg, Monnaie). — Fichot : la *Rue de l'Ecole de Médecine.* — Gillot : le *Quai des Grands-Augustins* (S. XXIV) — Houbron : la *Monnaie et le Pont-Neuf* (S. XXIV); le *Pont des Arts;* la *Rue Mabillon;* la *Rue Férou;* le *Cimetière Saint-André des Arts;* la *Rue Suger.* — Lansyer : la *Rue Hautefeuille.* — Madeline (P.) : la *Maison de Victor Hugo,* rue Notre-Dame des Champs, 29. — Marec (V.): la *Cour et la Porte du Dragon* (S. XXIV); *Intérieur de l'ancien Hôtel Pigoreau;* l'*Auberge du Cheval Blanc,* rue Mazet. — Moreau (P.-L.) : *La Cour du 29, rue Notre-Dame des Champs.* — Rouart : le *Jardin des Carmes de la rue de Vaugirard.* — X... : *Pourtour de l'abside de Saint-Germain-des-Prés.*

VIIe ARRONDISSEMENT (Faubourg Saint-Germain. — Boinvilliers : *La Rue du Caire à l'Exposition Universelle de 1889*. — Corard : *L'Hôpital Laënnec*. — Delance (Paul) : *La Tour Eiffel*, 1889 (S.XXIII). — Houbron : l'*Abbaye au Bois* (façade et cour). — Mouclier : le *Pont de l'Alma et la Tour Eiffel en 1888*. — Prins (P.) : *Les Peupliers du Pont-Royal*. — Rouart : les *Ruines de la Cour des Comptes*. — Ten Cate : le *Quai Voltaire*. — Zawiski : le *Pavillon d'Allemagne à l'Exposition universelle de* 1889.

VIIIe ARRONDISSEMENT (Madeleine, Champs-Elysées). — Braquaval : *la Place de la Madeleine* (S. XXIV). — Gilbert (Victor) : le *Marché de la Madeleiné* (S. VI). — Souillet (Georges) : le *Grand Palais*; le *Pont Alexandre*. — Trigoulet : le *Palais de l'Industrie*.

IXe ARRONDISSEMENT (Faubourg Montmartre). — Béroud : l'*Eglise de la Trinité*. — Braquaval : *La Place du Delta*, travaux du Métro (S. XXIV). — Cagniart : le *Boulevard des Italiens en 1904*. — Houbron : le *Boulevard des Italiens*, effet du matin (S. XXIII) ; le *Carrefour Drouot*.

Xe ARRONDISSEMENT (Faubourg Saint-Denis et Saint-Martin). — Boggs (Fr.) : le *Quai Val-*

my. — Cambiaggio : le *Faubourg Saint-Denis,* maison natale de Félix Faure, 1904 (Esc. Siège). — Marec (V.) : la *Rue Vicq d'Azir.* — Caron (Henry) : le *Pavillon des Jardins* à l'hôpital Saint-Louis. — Rousseau (J.-J.) : *Enterrement d'une détenue à Saint-Lazare.* — Schaan (P.) : *La Prison de Saint-Lazare.* — Souillet : la *Vigne de l'Eclusier du canal Saint-Martin.* — Ten Cate : le *Canal Saint-Martin.*

XIe ARRONDISSEMENT (Faubourg Saint-Antoine). — Boinvilliers : la *Cité Nys,* rue de l'Orillon, en 1870. — Dagnan-Bouveret : *Manège Sainte-Marguerite* (S. VI). — Marec (V.) : *Les fouilles de 1904 au cimetière Sainte-Marguerite,* gouaches.

XIIe ARRONDISSEMENT (Bercy, Reuilly). — Bertin : *Ancienne Porte du Bois à Saint-Mandé.* — Lepère (Aug.) : *La Seine, quai d'Austerlitz ;* le *Quai de la Rapée.* — Marec (Victor) : la *Place de la Nation,* travaux du Métro (S. XXIV) ; la *Place de la Nation,* fête de nuit, 1899 ; le *Pont de Charenton.*

XIIIe ARRONDISSEMENT (Salpétrière et Place d'Italie. — Bonneton : *La Butte aux Cailles.* —

Malebranche : *Idem,* four à chaux. — Ménorval (E. de) : *La Butte aux Cailles* (S. XXIV). — Oble : le *Marais de la Salpétrière.* — Schmit : *La Butte aux Cailles,* rue Auguste-Lançon ; *id.* rue de Tolbiac.

SUR LA BIÈVRE. — Bahuet : *La Bièvre,* rue Croulebarde ; *id.,* rue des Gobelins. — Bonneton : *La Bièvre,* rue de Valence (S. VI) ; *id.,* boulevard Arago ; *id.,* ruelle des Gobelins ; *id.,* passage des Patriarches ; *id.,* rue Pascal ; *id.,* tanneries rue Vulpian ; *id.,* passage Moret ; *id.,* rue Auguste Cain ; *id.,* rue de la Fontaine-à-Mulard ; *id.,* rue du Moulin des Prés. — Crealock : *La Bièvre,* rue de Valence. — Landigeois : *La Bièvre,* rue Croulebarbe, 1890. — Lemerle : *La Bièvre.* — Lepère (A.) : *La Bièvre* à Gentilly. — Richomme : *Tanneries* (Esc. du siège). — Schaan (P). : *La Bièvre,* bief de Valence. — Schmit : le *Quartier des Mégissiers ;* la *Rue de Tolbiac.* — Souillard (L.) : *La Bièvre,* tanneries Morand, rue Daviel ; *id., Fabrique d'indiennes,* rue Vergniaud. — Ulmann (R.) : *La Bièvre,* tanneries Guillou.

XIVe ARRONDISSEMENT (Plaisance). — Hista : *Jardin de l'ancienne Ecole d'Architecture,* boulevard du Montparnasse. — Prins (P.) : *Cabaret de la Porte de Vanves.* — Rolla : l'*Observatoire de Montsouris.*

XVe Arrondissement (Vaugirard, Grenelle). — Feucht : *Carrières de Grenelle.* — Prévost (Alex.) : la *Campagne de Vaugirard.* — Prunier (Gaston) : le *Pont de Grenelle.*

XVIe Arrondissement (Passy, Auteuil). — Boggs (Fr.) : la *Rue Beethoven.* — Drulin (Ant.) : la *Mare d'Auteuil.* — Feucht : la *Rue Berton.* — Frémont (Mlle) : la *Passerelle de Passy.* — Jourdain (Henry) : la *Rue Berton.*

XVIIe Arrondissement (Batignolles, Ternes). — Detaille (Ed.) : *Effet de neige à la Porte Maillot en 1870* (S. XXX). — Grandjean : la *Place Clichy.* — Mols (Rob.) : le *Boulevard des Batignolles en 1875.*

XVIIIe Arrondissement (Montmartre). — Chevalier : *Vue des hauteurs de Montmartre.* — Coussedière : la *Rue de Norvins.* — Deshays : l'*Abside de Saint-Pierre de Montmartre.* — Desvigne : le *Château des Brouillards.* — Fleurant : *Petite vue de Montmartre,* côté nord. — Gill (André) : le *Moulin de la Galette.* — Hista ; *Vues de Montmartre.* — Houbron : la *Rue Marcadet* (S. VI) ; la *Rue de Norvins* (S. VI). — Lavieille (Eug.) : *Vues de Montmartre.* — Le Pan de Ligny : *Vue de Montmartre,* prise des toits (S. XXIV). — Lepère (A) : la *Rue des Rosiers à* Montmartre en 1871. — Marec : *Vue de Montmartre.* — Meyer : le *Maquis de Montmartre.* — Michel (Ch.) : *Moulin de Montmartre.* — Mols (R.) : le *Boulevard de Clichy en 1875.* — Prins (P.) : le *Cabaret du Lapin agile.* — Wagner : *Vue de la butte Montmartre,* effet de neige. — Yon (Edm.) : *Le Chevet de Saint-Pierre de Montmartre* (S. VI) ; la *Rue Saint-Vincent* (S. VI). — Zawiski : *Vue de l'Abreuvoir de Montmartre* (S. XXIV) ; *La Place Blanche ; Intérieur de Saint-Pierre de Montmartre* (S. VI) ; la *Rue d'Orsel* (S. XXIV).

XXe ARRONDISSEMENT (Ménilmontant). — Bonnilliot : la *Rue de Ménilmontant.*

VUES GÉNÉRALES. — Brun (Gaston) : *Travaux du Métro,* 1901 (S. XXIV). — Dainville : *Vue panoramique de Paris,* prise de la rue Victor-Massé. — Delâtre (M. Aug.) : *Vue perspective de Paris* (1871). — Estienne (M.) : *Vue générale de Paris,* prise de Montmartre. — Hoffbauer :

Vue générale de Paris, reconstitution de 1588. — Schaan : *Paris*, vu des hauteurs de Belleville-Ménilmontant, 1894 (Ct. Cr).

Environs de Paris. — Fath : *Le Château de Maisons-Laffitte, intérieurs et cuisines* (S. XXIII). — Feucht : le *Château d'Issy*. — Lépine (S.) : la *Seine à Ivry*. — Léry (Victor) : *Environs de Paris en 1871* (S. XXX). — Marec (Victor) : le *Château d'Issy, gouaches;* le *Château des Archevêques*, à Ivry-Port ; le *Château de Charentonneau*, gouache ; la *Seine à Ivry*. — Tanzi (L.) : *Ruines du Château de Saint-Cloud* (S. XXX). — Yon (Ed.) : le *Vieux Moulin de Saint-Ouen* (S. VI).

Ces quelque deux cents toiles qui, à elles seules, pourraient constituer un musée du Paris contemporain, diront assez l'inépuisable mine offerte à l'observation perspicace des artistes, au hasard des promenades accomplies à travers les différents quartiers. Ce filon est à peine exploré, trop tard, hélas, pour nous conserver l'empreinte visuelle de tous les coins intéressants à jamais disparus, et sacrifiés aux exigences du confort moderne, de l'accroissement populaire, du transfert des classes ouvrières refoulées vers la banlieue et du souci de faire produire à la propriété foncière le maximum de rendement possible. Mais de semblables études s'accumulant peu à peu, et se complétant au moyen des collections voisines d'aquarelles, dessins, pastels et autres estampes, deviendront par la suite l'un des plus précieux éléments de recherches pour ceux auxquels cette source documentaire est appelée à rendre service. Ces souvenirs leur permettront de fixer, avec une exactitude de plus en plus rigoureuse, les notations d'aspect et de détails que la seule description écrite ne transmet qu'imparfaitement, quel que soit le talent du styliste. Car ce dernier, s'il évoque en ses pages la mélancolie et le sentiment des choses qui ne sont plus, ne saurait, à l'égal du peintre, faire survivre en notre mémoire, souvent défaillante, la précision des contours, le caprice des lignes d'horizon, le jeu des perspectives et le mirage des couleurs.

XIV

LA MINIATURE

Cet art qui continue la tradition des enlumineurs du moyen-âge, lesquels enrichissaient de leurs peintures et ornements les Missels, les Heures et les Bibles en donnant à ces manuscrits un prix inestimable, commence à se manifester sous ses formes actuelles au lendemain de la découverte de l'imprimerie. Le Missel de Juvénal des Ursins, exécuté entre 1449 et 1487, et que possédait la Bibliothèque de la Ville de Paris jusqu'en 1871, où il disparut durant l'incendie de l'Hôtel de Ville, fut l'un des derniers types accomplis de ces œuvres de longue patience auxquelles s'exerçaient collectivement de modestes artisans anonymes.

Et de fait, les cent quarante compositions qui l'ornaient, dont l'ensemble constituait un véritable musée des costumes, armes, instruments et meubles du temps, telles vues du Vieux Paris formant les fonds, apportaient un élément d'études précieux et dont on eût aimé pouvoir consulter au moins la reproduction en parcourant les collections rétrospectives de notre histoire. On eût admiré volontiers l'expression des attitudes, l'admirable agencement des sujets, la belle ordonnance des ensembles et la délicatesse gracieuse des figures qui donnaient de la vie à ces petits chefs-d'œuvre et laissaient déplorer l'abandon de ce genre, auquel excellèrent les artistes parisiens, supérieurs de beaucoup aux Flamands et aux Italiens, et qui de nos jours semble rendu pour ainsi dire à l'état de passe-temps féminin.

A cette décoration intérieure du livre, dont les *Heures* d'Anne de Bretagne, d'Etienne Chevalier, de Simon Vostre, le *Roman d'Alexandre* (de la collection Dutuit) sont parmi les plus parfaits des monuments subsistants, succéda en effet, aux approches de la Renaissance, une formule simplifiée qui consistait à peindre sur papier, bois, émail ou ivoire, au moyen de couleurs délayées à l'eau de colle, et notamment avec du minium, divers petits sujets, portraits, fleurs, animaux, destinés le plus souvent à rehausser par la suite l'élégance des bonbonnières, boîtes, bagues, tabatières, éventails, cadrans de montres, ou à demeurer simplement encadrés.

Au XVIIe siècle, les miniatures ont conquis les bonnes grâces de la société d'élite et l'on peut présumer que les portraits peints par Mignard, Bourdon, Rigaud, Largillière, ont tenté les artistes soucieux d'en exécuter de minuscules réductions, afin de satisfaire la fantaisie de quelque marquise de cour ou de ruelle.

Mme de Sévigné, dans sa correspondance, semble faire allusion à l'une de ces miniatures lorsqu'elle parle d'un portrait de sa fille, Mme de Grignan, d'après le tableau de Mignard, et dont elle ne se veut point séparer, le montrant de préférence à l'original, tant elle se révélait maternellement jalouse de celui-ci.

Elle-même n'a pas échappé à cette mode, si l'on en juge sur ce petit *Portrait de Mme de Sévigné* (S. XX) qui a pris place sous une vitrine de ce salon célèbre où elle recevait jadis ses familiers : Retz, Pellisson, Condé, Pomponne, son cousin Bussy, le prédicateur Bourdaloue, le moraliste La Rochefoucauld, Mme de Lafayette, Mlle de Scudéry et autres personnes de qualité.

Dans le même temps excellèrent en ce genre

Duguernier, Jacques Bailly, Bauer, Sophie Chéron, Aubryet, Fruitiers, Bisi, Isaac Olivier, Jean Cerva et les Castello.

Par la suite, les grands peintres ne dédaignèrent pas d'y exercer leurs loisirs; et l'on nous cite (sous toutes réserves cependant, car nous n'avons pu contrôler le fait), comme rareté, l'unique miniature sortie de l'atelier de Le Brun, le portrait d'un membre de la famille d'Hautpoul, souvenir conservé à Nantes par le comte Jacques de Polo, allié à une descendante de ce gentilhomme gaillacois, devenu gouverneur des Flandres sous Louis XIV.

On peut ici se rendre compte de ces prédilections passagères, en présence de cette ravissante miniature de Prudhon : *Portrait de jeune femme en négligé du matin* (S. XV), véritable petite merveille de grâce, de simplicité et d'abandon. Voici également un *Portrait de Victoire de Froullay, marquise de Créqui* (S. XX) et un *Portrait de Louis XV* (S XVIII) contemporain du temps où ce prince méritait encore le surnom de Bien-Aimé.

Ils suppléent ici à l'art véritablement supérieur déployé dans ce genre par Liotard, Baudouin, Charlier et Chodowicki. Les comédiens célèbres, imitant les grands seigneurs, se font également miniaturer. C'est *Préville*, de la Comédie-Française (S. XVI), auprès duquel voisinent en vitrine plusieurs autres artistes, les délicieuses petites gouaches de Fech, consacrées à *Lekain*, et à d'autres acteurs dans leurs rôles principaux (S. XVI); *M. Le Metheyer, inspecteur de l'Opéra-Comique en 1810; Le magicien Comus*, ancêtre de Ledru-Rollin, et dont un portrait au pastel remarqué plus haut existe dans la même salle (S. XVIII) et semble avoir inspiré cette réduction.

Parfois aussi les artistes sont tentés par le paysage ou le coin de Paris dont ce petit espace circulaire leur suffit à exprimer le sentiment. Ainsi d'une *Vue perspective de Paris et de la Seine* XVIIe siècle (S. III), d'une allégorie rappelant le *Tombeau de Jean-Jacques Rousseau à Ermenonville* (R.), des *Vues intérieure et extérieure de l'église Sainte-Geneviève* (S. III).

Mais c'est surtout l'époque révolutionnaire qui offre ici le plus vaste champ d'études à la miniature, et permet à nombre d'artistes de graviter autour de la notoriété de Dumont, Vestier, Parent, Sauvage, Langlois, Guérin (1760-1836), Van Blarenberghe (1734-1812), Augustin (1759-1832) et J.-B. Isabey (1767-1855). Sauf les deux derniers, dont les œuvres ont acquis une grande valeur, et qui furent les miniaturistes attitrés de la famille impériale, tous ces maîtres sont représentés ici par une œuvre digne de leur talent.

Divers *Portraits de jeunes femmes,* provenant du legs Rivoire, signalent Dumont, Vestier et Parent à l'attention ; Jérôme Langlois (1779-1838), élève de Vien et père du peintre à qui nous pouvons aujourd'hui tenter d'attribuer l'esquisse préparatoire de : l'*Abbé Sicard enseignant à ses élèves la conjugaison du verbe être au futur* (S. XXVI), dont le tableau figura au Salon de 1812, Jérôme Langlois se distingue par un *Portrait d'homme,* époque de la Révolution, et par une double miniature enchâssée dans le chaton d'une bague du même temps (don de Mlle Bonnin), et figurant d'un côté, une jeune femme, de l'autre un petit enfant, peut-être le sien (S. XI). De Langlois également, cette série de camaieux sur ivoire, exécutés en 1790-1791, et réunissant dans un même cadre, les médaillons de Mirabeau, Robespierre, Talleyrand, Barère, Couthon, Noailles, Le Couteux (don de M. Desvouges).

Les traits de *Boissy d'Anglas,* président de la Convention, sont attestés par la sincérité vigoureuse du pinceau de Sauvage. De Jean Guérin, on notera en bonne place, le *Portrait du général*

Aubert du Bayet (S. XII), qui, né à la Louisiane en 1759, fit campagne en Amérique, sous Rochambeau et La Fayette, fut plus tard président de l'Assemblée législative avant le 10 août, commanda à Valmy, compta au nombre des défenseurs de Mayence, devint général en chef en Vendée, ministre de la Guerre, puis ambassadeur sous le Directoire et termina brusquement par une mort prématurée, en 1797, l'une des plus brillantes carrières politiques et militaires de l'époque. C'est encore, et surtout Van Blarenberghe, de Lille, qui nous séduira à cause de la vie intense qui fait jaillir de l'étroit espace que présente un cadre de miniature lorsqu'il exprime la joie populaire au lendemain de la prise de la Bastille, quand, sur le sol de la forteresse disparue, dansent les gens du peuple heureux de leur liberté conquise (S. XII). *Ici l'on danse,* et devant les couples multiples que l'on voit s'ébattre en plein air ou que l'on devine sous les tentes, on croit revivre ces mémorables journées des fastes révolutionnaires.

D'ailleurs l'histoire de ce temps inscrit au moyen de la miniature nombre de ses épisodes et de portraits de ses héros, et nous sommes heureux de trouver ici notamment l'*Arbre de la Liberté, Adieu la Bastille* (S. XII), le *Mariage ré-*

volutionnaire, figuré par un couple uni devant l'autel de la Liberté (S. XV); la *Voiture Royale* assaillie au retour de Varennes (S. XII), etc...

On remarque (Salle IX à XI) embellis par la finesse du procédé : *Mirabeau, Bailly, Necker, La Fayette, Marat,* dont la popularité incita plus d'un artiste, sans oublier l'engouement qui associait dans un même hommage les *Trois martyrs de la Liberté : Marat, Lepelletier Saint-Fargeau* et *Chalier,* victimes de la vengeance d'exaltés faisant le jeu de la contre-révolution. Parfois aussi le jeune *Joseph Bara,* tombé en 1793 dans une embuscade en Vendée, à l'âge de treize ans, complète cet ensemble.

Ce sont encore *Coillière de l'Etang* (S. XII), instituteur du bataillon des Vétérans : les conventionnels et politiciens plus célèbres : Danton, *Brissot, Mercier, Valazé;* et parmi les femmes, *M*me *Roland* et *Albertine Marat,* dont une petite miniature gouachée sur vélin (S. XI) accuse une si étrange ressemblance avec le célèbre tribun, et justifie pour ainsi dire la réputation de douceur que s'accordaient à lui conférer ses amis.

La famille royale fut aussi, on le comprend aisément, le sujet d'un grand nombre de sujets de ce genre. Une vitrine presque entière des galeries révolutionnaires (S. IX) lui est consacrée;

bonbonnières ou simples petits cadres rehaussés de médaillons peints, sculptés, gravés ou dessinés, rappellent les traits souvent associés sur une même pièce de *Louis XVI, Marie-Antoinette, Mme Elisabeth, Marie-Thérèse* et le *Dauphin Louis XVII*. On nous excusera volontiers de ne pas les dénombrer ici, vu la commodité d'en examiner sur place l'ensemble, et parce qu'ils nous semblent plutôt relever de la rubrique des souvenirs que des œuvres de peinture proprement dites ; encore que tels d'entre eux soient de véritables petits chefs-d'œuvre de finesse et de préciosité et qu'ils aient grandement mérité de survivre jusqu'à nous.

Cependant, une petite miniature en grisaille vaut qu'on la signale spécialement. C'est un *Portrait de la Princesse de Lamballe* dans sa prison (la Force), (S. XII), et qui traduit avec une surprenante vérité les angoisses intenses que dut éprouver la meilleure amie de la reine Marie-Antoinette durant le séjour qui précéda son assassinat par la populace lorsqu'elle sortit du cachot.

Parfois des *Portraits d'officiers* nous documentent sur les costumes militaires de la Révolution, et tels d'entre eux attestent par une signature le travail de Mlle de Noireterre (S. XII) notamment.

Voici même un *Général Hoche,* un *Colonel Delmas,* aide de camp du général Brune, qui ne sont pas sans intérêt artistique.

L'époque impériale se révèle avec un joli petit *Portrait de Lœtitia Ramolino* (S. XIII), peint par Bourgeois, un *Jérôme Bonaparte,* d'Aubry (S. XIII), miniaturiste attitré de ce prince, représenté par lui, au Salon de 1810, en costume de commandeur de l'ordre de la couronne royale. Ces deux œuvres décorent des dessus de boîtes provenant du legs Beugnot. On trouve encore, dans la salle Alboni, à côté d'un petit *Portrait de la cantatrice italienne* de ce nom (S. XVII *bis*), une jolie miniature représentant la *reine Caroline de Naples,* qui la lui offrit en cadeau.

De ce temps datent également divers autres portraits, ceux de *Lacépède,* vers 1825 (S. XXV) et de *Talma,* œuvre rare et appréciée, par Hersent ; un agréable portrait d'académicien (S. XVIII) ; *Mlle Mante* et *Mlle Rose Dupuis,* de la *Comédie-Française* (S. XV) ; *Romagnesi,* le compositeur peint par Mlle Romagnesi, sa parente ; plus près de nous enfin, Mlle Rose Chéri (S. XVI), qui créa le *Demi-Monde* de Dumas fils, en 1855, et un portrait sur émail de *Victor Hugo* par Brébant.

A ces formes d'expression réduite de l'art rétrospectif se pourraient presque également adjoindre les peintures sur éventails et les miniatures qui augmentent la valeur des cadrans de montres de l'époque révolutionnaire et sur lesquels un collectionneur, M. Roblot, a pu rassembler la plupart des événements de notre histoire du XVIIIe siècle et de la Révolution, ainsi qu'en permet de juger le catalogue qu'il a dressé de sa collection. Mais ce sont là des sujets spéciaux qui nous éloigneraient des limites que nous nous sommes assignées, limites que nous pensons avoir suffisamment atteintes au moyen de ces divers aperçus, pour donner au lecteur une idée attrayante du millier de peintures du musée Carnavalet.

XV

CONCLUSION

Ce n'est pas sans une évidente satisfaction que, parvenus au terme de notre examen, hélas, trop rapide, de toutes ces œuvres d'art, nous pensons avoir réalisé notre programme, en essayant de suivre l'évolution de la peinture française depuis la Renaissance jusqu'à nos jours, au moyen des éléments que nous en fournissaient ici ces précieuses collections.

En dehors de l'appoint qu'elles apportent aux sources d'études rétrospectives de l'histoire de Paris, il se dégage de leur vue d'ensemble le sentiment d'une esthétique sincère en sa simplicité, et qui, devant certaines toiles, s'élève jusqu'à la véritable beauté.

L'exiguïté relative des salons et des galeries dont l'agencement ne fut certes pas, à son origine, conçu à dessein de l'installation d'un musée aussi copieusement varié quant à ses objets, ne permet guère d'y exposer des tableaux de grande superficie, dans les conditions les plus propices à leur mise en valeur. Du moins pourra-t-on s'y convaincre que la proportionnalité du talent ne se mesure point au format des cadres ; et l'on saura gré aux esprits artistes et érudits qui ont veillé et veillent encore à la belle ordonnance de ce sanctuaire de l'art, du goût et de l'histoire de Paris, d'avoir su tirer si utilement parti des moyens dont ils disposaient, pour la plus grande joie intellectuelle de l'élite, pour l'éducation du peuple, et de faire chaque jour leur profit des idées intéressantes susceptibles d'aider au développement quotidien de ces trésors.

On reviendra spontanément se complaire à de reposantes méditations devant la belle et large douzaine de véritables chefs-d'œuvre du passé qui déjà suffisent à consacrer le renom honorable acquis à Carnavalet parmi les musées d'Europe : la *Procession de la Ligue,* de l'école de Porbus (S. II) ; le *Portrait de Mme de Grignan* par Mignard (S. XX) ; les *Deux Echevins* et le *Voltaire, de Largillière* (S. XXII) ; le *Décintre-*

ment du Pont de Neuilly (S. IV) et les *Bains d'Apollon, à Versailles* (S. XX), d'Hubert Robert; la *Dispute à la Fontaine*, de Jeaurat (S. XVIII); le *Latude*, de Vestier (S. XII); le *Portrait d'Inconnu*, de Prudhon (S. XV); le *Départ des Conscrits en 1807*, de Boilly (S. XIV); le *Portrait d'Armand Carrel*, par Henry Scheffer (S. XXV); *le Château de Saint-Cloud*, de Troyon (S. V); et le *Boulevard Poissonnière en 1834*, de Dagnan (S. VI).

Heureux présages pour les temps futurs, ces grandes vedettes d'un ensemble à peine trentenaire et dont l'aspect actuel n'a pris corps que depuis une dizaine d'années, attireront insensiblement autour d'elles d'autres éléments imposants.

Et sans nul doute, à cette venue contribuera de plus en plus la générosité des donateurs, stimulée par la vigilance attentive des personnalités auxquelles la confiance publique a dévolu le soin de la conservation et de l'embellissement du Musée Carnavalet et des Collections historiques de la Ville de Paris.

1906-1908.

Appendice

Nous croyons utile de signaler ici, à titre complémentaire, parmi les œuvres picturales les plus récemment acquises ou recueillies par le Musée, celles qui nous semblent de nature à intéresser le lecteur. Ce sont, notamment, entre autres portraits, ceux du peintre Jouvenet *par lui-même, tableautin rempli de finesse;* de Mme de Sévigné, *devant son écritoire, œuvre curieuse et très peu connue, de Mignard ; le Portrait du conventionnel* Barère de Vieuzac, *par le chevalier Roslin (don de la baronne James de Rothschild) ; celui du* sculpteur Dantan jeune, *dont le Musée possède la série des amusantes charges, par A. Pérignon ; enfin* l'Acteur Marais, *personnifiant le* Philippe Hugon *du* Thermidor *de Victorien Sardou. Cette dernière œuvre signée du peintre A. Lambert provient du legs de Mme Delaunay-Rivière, par les soins de notre excellent confrère M. Roger-Milès.*

La peinture de genre et le paysage parisien se sont enrichis également de plusieurs toiles dignes d'attention, telles que : l'esquisse d'un plafond des Invalides, œuvre de Jouvenet, figurant, croyons-nous, l'Apothéose des Apôtres ; *deux* Intérieurs de Monuments *de Demachy ; une* Parisienne sur la place de la Concorde, *par Nittis ;* le Pont-Neuf et la Cité, *par le peintre anglais Stowe ; et pour l'époque contemporaine :* Intérieurs de l'Hôtel de M. Anatole France, villa Saïd, *par Pierre Calmettes ;* la Gare du Nord, *par Ten Cate ;* Le Maquis de Montmartre, *par Auguste Lepère ;* La Place des Vosges, *ou mieux son jardin, un jour de musique militaire, par M. Frank Boggo ;* Le Mur des Fédérés, *au Père-Lachaise, étude d'une profonde et poétique intensité, de M. A. Bonneton, élève du regretté Albert Maignan, et certainement l'un des artistes qui comprennent le mieux le sens didactique de la beauté du Paris moderne ;* Le canal Saint-Martin, *et un* Aspect du maquis de Montmartre, *du prestigieux et sincère coloriste que s'est affirmé spontanément M. Chénard-Huché ; les* Hôtels Bourrienne, *et la vieille* Auberge du Compas d'Or, *rue Montorgueil, œuvres attentives et fouillées de M. Henri Dabadie ; le* Carrousel *de M. Carette (don de l'auteur), et deux esquisses de Lucien Mélingue :* La Fenêtre de Charles IX au Louvre, *et* Les Cagnards de l'Hôtel-Dieu, *don de M. Gaston Mélingue, son frère, grâce auquel les souvenirs relatifs au théâtre se sont aussi augmentés, en plus de divers dessins de valeur relatifs au grand comique Mélingue, d'une charmante miniature de Dubois, datée de 1817, et représentant la célèbre* Mademoiselle George, *de la Comédie-Française (S. XVI).*

Cette suite, comme on en peut juger, atteste la progression constante de l'appoint esthétique et rétrospectif dans les collections parisiennes.

Enfin, un beau portrait du duc de Montausier *par Elle Ferdinand, don de M. Jules Maciet.*

TABLE

DES PEINTURES EXPOSÉES

Citées au cours de cet ouvrage

NOTE. — Un certain nombre de sujets d'époque contemporaine figurent également, classés par arrondissements au cours du chapitre XIII auquel on pourra se référer.

L'indication (R) signifie que l'œuvre citée se trouve provisoirement aux réserves, faute d'emplacement disponible actuellement dans les galeries. Mais on peut en obtenir la consultation sur demande préalable.

TABLE DES MATIÈRES

TABLE DES GRAVURES

Imprimerie L. Caillot et Fils, Rennes.

IMP. RENAUDIE, 56, RUE DE SÈVRES. — PARIS.

www.ingramcontent.com/pod-product-compliance
Ingram Content Group UK Ltd.
Pitfield, Milton Keynes, MK11 3LW, UK
UKHW020132220726
13923UKWH00001B/120